GESTÃO DO CONHECIMENTO NO BRASIL

CASOS, EXPERIÊNCIAS E PRÁTICAS DE EMPRESAS PRIVADAS

Autores

Alfredo Emmerick

Ariane Hinça Scheneider

Daniele Comarella

Faimara R. Strauhs

Filipe Cassapo

Gabriela Gonçalves Silveira Fiates

Heitor José Pereira

Helena Tonet

Hélio Gomes de Carvalho

Homero Jorge Mazzola

Joselito Oliveira

Lia Krucken

Marilia Damiani Costa

Martius Vicente Rodriguez y Rodriguez

Mauricio Pereira de Abreu

Moacir de Miranda Oliveira Junior

Nilton S. Outi

Rivadávia C. Drumond de Alvarenga Neto

Rogério Almeida Manso da Costa Reis

Rogério Salles Loureiro.

Maria Terezinha Angeloni
(Organizadora)

GESTÃO DO CONHECIMENTO NO BRASIL

CASOS, EXPERIÊNCIAS E PRÁTICAS DE EMPRESAS PRIVADAS

Direção Editorial
SAIDUL RAHMAN MAHOMED
editor@qualitymark.com.br

Produção Editorial
EQUIPE QUALITYMARK

Capa
DÉBORA SILVA DE SOUZA

Editoração Eletrônica
EDEL

1ª Edição: 2010

CIP-Brasil. Catalogação-na-fonte
Sindicato Nacional dos Editores de Livros, RJ

G333

Gestão do conhecimento no Brasil: casos, experiências e práticas de empresas privadas/organizadora, Maria Terezinha Angeloni; autores, Alfredo Emmerick... [et al.].– Rio de Janeiro: Qualitymark, 2008.

Inclui Bibliografia
ISBN 978-85-7303-816-3

1. Gestão do conhecimento – Brasil – Estudo de casos. 2. Administração de empresas– Brasil – Estudo de casos. I. Angeloni, Maria Terezinha, 1950-. II. Emmerick, Alfredo.

CDD: 658.4038
08-2939 CDU: 658-115:005

2010
IMPRESSO NO BRASIL

Qualitymark Editora Ltda.
Rua Teixeira Júnior, 441 – São Cristóvão
20921-405 – Rio de Janeiro – RJ
Tel.: (0xx21) 3295-9800
ou (0xx21) 3094-8400

Fax: (0XX21) 3295-9824
www.qualitymark.com.br
E-Mail: quality@qualitymark.com.br
QualityPhone: 0800-0263311

Dedicatória

Dedico o presente livro ao Fábio, assim como a todos aqueles que trabalham pela consolidação da Gestão do Conhecimento no Brasil, aos integrantes da Sociedade Brasileira de Gestão do Conhecimento, aos meus alunos e mestres que contribuíram e contribuem com minha formação contínua, aos profissionais e pesquisadores da área e a meus saudosos pais, Aurora e Vicente, aos quais devo a formação, guia de minha caminhada.

Agradecimentos

Tenho o privilégio de conhecer muitos dos principais pesquisadores e profissionais que estão na vanguarda de Gestão do Conhecimento do Brasil. Eles me presentearam com seu tempo e com a revelação dos resultados dos casos, das experiências e das práticas vivenciados em Gestão do Conhecimento. Nesse sentido, agradeço a todos os autores que colaboraram com a concretização do livro **Gestão do Conhecimento no Brasil – casos, experiências e práticas de empresas privadas**. Sem eles, jamais teria conseguido concretizar a ideia. Tenho a certeza de que juntos estamos contribuindo para a consolidação e a credibilidade da área no país.

Não apenas um agradecimento, mas também um destaque especial à postura das empresas que autorizaram a divulgação de seus nomes nos relatos dos casos, das experiências e das práticas que constam do livro, dando credibilidade à obra e à área.

Agradeço, em especial, a Sonia Goulart e a Elisabeth Gomes, as duas primeiras pessoas com quem a "ideia" do livro foi compartilhada e que muito contribuíram para o seu amadurecimento. Seus elogios e suas críticas foram fundamentais.

Agradeço ao Martius Vicente Rodrigues y Rodrigues, que me apresentou ao editor da Qualitymark. Não poderia deixar de agradecer à Editora e ao editor Saidul Rahman Mahomed por terem acreditado no projeto.

Agradeço também ao meu companheiro Fábio, que acompanhou todas as fases da criação deste livro, da ideia à impressão. Devo um agradecimento muito especial ao seu companheirismo, mostrando desde o início entusiasmo pelo projeto.

Meu irmão Bita, você é incansável na revisão dos textos. Sem você o trabalho seria muito mais árduo. Meu muito obrigada.

Agradeço também à Universidade do Sul de Santa Catarina – Unisul –, especialmente aos professores do mestrado, pelo ambiente de trabalho e pelas condições propiciadas para a organização deste livro.

E, por fim, obrigado a você, leitor, razão de horas e horas de reflexão. Espero que o livro possa contribuir em sua caminhada pela seara da Gestão do Conhecimento.

Prefácio

Do logo ao "logos"

Pouco tempo depois das manifestações de rua em Seattle contra a globalização, Naomi Klein publicou um livro que, paradoxalmente, tornou-se um ícone da mobilização social contemporânea. Em "No Logo", a jornalista canadense desenhou um mapa da trajetória econômica atual em que a negação se repete em várias instâncias: "*no space*", "*no choice*", "*no jobs*" pairam ao lado de "no logo" como pórticos do novo caos.

Para os menos apocalípticos, depois do logo vem o "logos". Para os mais otimistas, seria a volta do próprio "logos" (do grego λόγοζ, *palavra*). Na Antiguidade, "logos" significava a palavra escrita ou falada – o Verbo. No fim do logo, a volta ao princípio. E, no princípio, era o Verbo.

Na filosofia grega, o logos ganha estatutos mais ambiciosos, é a própria inconologia da razão que se manifesta e começa a se desenvolver. Se estamos vivendo uma época de defesa e aprofundamento da democracia, então é fundamental retomar o sentido arquetípico da democracia grega, que é o espaço e o tempo da palavra, do diálogo e, assim, da razão. **Razão** como capacidade de racionalização individual ou como um princípio mais universal de ordem e beleza.

A valorização da palavra como tensão permanente entre saber e fazer, se de um lado levou à deterioração do estatuto democrático e ético do diálogo, gerando uma degradação da retórica como arte das armadilhas do pensamento, representou também a formulação de uma agenda civilizatória. "A retórica é a outra face da dialética. Ambas se ocupam de questões ligadas ao conhecimento comum e não correspondem a nenhuma ciência em particular. Todas as pessoas de alguma maneira participam de uma e de outra, pois todas elas tentam em certa medida questionar e sustentar um argumento, defender-se ou acusar", pregava Aristóteles.

O novo capitalismo que surge da convergência entre tecnologia, comunicação e riqueza imaterial coloca à prova essa vocação civilizatória da retórica, esse desafio permanente a construirmos pontes entre o saber e o fazer, a teoria e a prática, os logos e o *logos*.

A gestão empresarial tem como desafio criar valor, mas é comum a redução do intangível à marca, como se consumidores, trabalhadores, governantes e famílias não passassem de micos amestrados pela insistente repetição de bordões publicitários.

Na economia do conhecimento, as advertências do movimento social antiglobalização precisam e podem gerar uma nova percepção que retoma o potencial emancipatório do mercado e da organização empresarial, desde que saibamos, cada um de nós, nas empresas, nos governos, nas famílias e nas escolas, fazer a travessia dos logos ao *logos*.

Essa renascença da razão – não do racionalismo, mas da palavra viva, com sentido social e relevância humanista – é a promessa que os autores dessa extraordinária seleção de estudos cumprem, página a página, revelando as dimensões contemporâneas da Gestão do Conhecimento no Brasil e no mundo.

É uma gestão de intangíveis, de valores materiais que se projetam em um espaço imaterial que não é o da competição entre marcas, mas, sobretudo, o da criação de valor por meio da razão. Onde valor e conhecimento convergem, anima-se um capitalismo inovador, capaz de estimular e abrigar várias lógicas onde aparentemente existiria apenas o império das marcas, do adestramento e da neurótica busca de pura acumulação.

Nessa perspectiva emancipatória e sustentável, o capitalismo volta a encontrar vigor na inovação, mais que na concentração de poder ou na especulação vazia. A Gestão do Conhecimento ganha espaço como disciplina, jamais como ciência, capaz de atualizar a busca aristotélica da retórica como boa mediação na produção do bom e do bem.

Fundamental nessa perspectiva é perceber o conhecimento (e a vida) como processo, não como coisa e, portanto, abrir-se para a multiplicidade de caminhos, mapas e destinos, sem que nos deixemos levar pelo relativismo que só encontra descanso no caos, na violência e na exclusão.

Se é processo, se é palavra viva, se é verbo e mediação e não apenas marca e propaganda, a geração de valor na empresa ou no governo exige tanto do empresário quanto da autoridade pública a competência para promover a criação de valores, mais que o gerenciamento de estoques armazenados em galpões ou bases de dados.

Surge dessa nova era de descobrimentos uma percepção confirmada pelos estudos apresentados nos dois volumes magnificamente organizados pela nossa líder Maria Terezinha Angeloni: a Gestão do Conhecimento não se resume à gestão de tecnologias ou pessoas, pois, embora necessárias, essas dimensões articuladas pela prática precisam fazer sentido. Os estudos de caso combinam visão prática e inteligência coletiva, capacitando-nos a interpretar o nosso tempo e preparar aqueles que, melhores, virão.

É verdade que em muitos momentos o mundo parece não ter sentido, as tecnologias parecem não ter sentimentos e as pessoas parecem perder a razão. O país parece não ter projeto, o governo parece não ter rumo, a sociedade parece não ter compaixão.

Mas a Gestão do Conhecimento como processo de mediação entre espaços de produção de sentido revela nossa capacidade de mapeamento das conexões de cada organização com o mundo. É uma fronteira em que se encontram a ciência e a arte abrindo novas perspectivas, cada vez mais disseminadas em nosso país. Os autores desta obra confirmam essa possibilidade e exibem casos concretos de emancipação, inovação e responsabilidade social nas nossas instituições e empresas mais atentas para a mudança cultural, que é global e veio para ficar.

Seja qual for o seu *logo*, a gestão do *logos* como conhecimento em processo já está abrindo caminhos para melhores espaços, escolhas mais sustentáveis e mais empregos.

Gilson Schwartz

Economista, sociólogo e jornalista, criador do projeto "Cidade do Conhecimento" na Universidade de São Paulo (USP) (www.cidade.usp.br). Fundador da Sociedade Brasileira de Gestão do Conhecimento (SBGC) e vogal da União Latina de Economia Política da Informação, da Comunicação e da Cultura (ULEPICC). Professor de Economia na USP.

Apresentação

A Gestão do Conhecimento tem ocupado boa parte da minha vida profissional nos últimos anos, seja por meio de ensino, pesquisas, orientações a alunos da graduação e pós-graduação, seja pelas atividades junto à Sociedade Brasileira de Gestão do Conhecimento (SBGC), inicialmente como vice-presidente e depois como presidente do Conselho Científico.

Apesar do longo caminhado percorrido, a vida está constantemente nos apresentando novos desafios. Diante do desafio, de elaborar um curso de especialização em tempo compacto, deparei-me com a dificuldade de coletar casos de experiências de Gestão do Conhecimento em empresas brasileiras que pudessem me dar suporte ao ensino e à aprendizagem.

Depois de algumas buscas na internet, nos anais de eventos, consulta a amigos especialistas no assunto e busca em minha biblioteca particular, deparei-me com o relato de um grande número de casos de sucesso em Gestão do Conhecimento que tratavam de experiências de empresas estrangeiras.

Os relatos de casos de sucesso de empresas brasileiras encontram-se publicados de forma não-sistematizada nos mais diversos meios de comunicação, como em anais de eventos, revistas e livros.

Diante dessa realidade, surge a ideia do presente livro, que tem como objetivo sistematizar em uma única obra casos de sucesso de Gestão do Conhecimento de empresas brasileiras que pudessem dar suporte ao ensino de graduação e cursos de especialização e servir, também, como suporte e fonte de inspiração para os gestores brasileiros que desejam, na busca de diferencial competitivo sustentável, incluir em seus modelos de gestão a valorização dos ativos intangíveis. Dessa forma, o público ao qual se destina é tanto o acadêmico (alunos de graduação e pós-graduação, professores ou pesquisadores) como o empresarial (empresários, dirigentes, colaboradores ou consultores).

O passo seguinte foi entrar em contato com profissionais da área de Gestão do Conhecimento no Brasil, divulgar a ideia e realizar o convite. Quanto mais conversava com as pessoas, quanto mais divulgava a ideia do livro, mais me surpreendia com o posicionamento delas e com o número de respostas positivas ao convite.

Como resultado, temos o envolvimento de 44 pessoas, que escreveram 28 relatos de casos, experiências e práticas de Gestão do Conhecimento, 15 de empresas públicas e 13 de empresas privadas, apresentados em duas obras diferentes. Cada um dos relatos é composto por uma parte teórica e outra prática. Todos apresentam diferentes caminhos trilhados e aspectos conceituais que muitas vezes divergem. Essas divergências foram mantidas, pois consideramos que a riqueza da presente obra está calcada tanto nas diferenças como nas semelhanças das abordagens práticas e teóricas apresentadas em cada um dos relatos dos casos, das experiências e das práticas.

Os capítulos estão agrupados em quatro partes.

A **Parte 1** trata da **Gestão do Conhecimento e Estratégias Organizacionais**. O reconhecimento da importância da gestão estratégica do conhecimento vem sendo discutido por diversos autores. Para Rezende (2002), configura-se como a mais recente fase de evolução na gestão das organizações. Para Siqueira (2005), está sendo utilizada como ferramenta fundamental para a melhoria do desempenho organizacional.

Moresi (2001) coloca que o conhecimento assume um papel de destaque, passando a constituir um dos recursos de grande importância para a sobrevivência e a prosperidade de uma organização.

Nesse fluxo evolutivo, assevera Hackett (2002) que as organizações que tiverem uma melhor preparação para utilizar o conhecimento conseguirão agir de forma mais rápida, de modo a ultrapassar barreiras internas e externas, criando mais oportunidades para inovar, reduzir tempo de desenvolvimento de produtos e melhorar o relacionamento com clientes.

Stewart (1998), de forma mais contundente, assevera que o conhecimento, além de ser considerado elemento estratégico essencial para as organizações, é mais importante que a matéria-prima; mais importante, muitas vezes, que o dinheiro.

Com relação ao conhecimento como suporte ao processo estratégico, Moresi (2001) destaca que tudo começa com as definições estratégicas. Enfatiza que é preciso ter uma macrovisão da missão da organização; conhecer sua visão, seus objetivos e suas metas, e que é fundamental que a Gestão do Conhecimento faça parte do modelo estratégico de gestão da organização.

Sendo assim, para o efetivo gerenciamento estratégico do conhecimento, torna-se importante definir quais são essenciais para a organização como suporte ao processo estratégico.

Drucker (2003) afirma que, apesar da atual aceitação da importância do conhecimento no gerenciamento das organizações, essa não se constitui em uma ideia nova, mas que só recentemente abandonou a periferia do pensamento e das práticas de gestão e passou a ocupar um papel de destaque no gerenciamento organizacional.

Dada a relevância do conhecimento, é necessário assegurar instrumentos e modelos que possam orientar as organizações a utilizar esse recurso estratégico de forma efetiva.

Wiig (2002) coloca a necessidade de implementação de um conjunto de conceitos, técnicas e abordagens para conscientizar as organizações a valorizar o conhecimento como recurso estratégico. Destaca, ainda, a necessidade de desenvolver capacidades, opções e práticas para auxiliar os gestores a obter vantagem competitiva.

Na presente parte, consta um capítulo com relato de três casos que ligam a Gestão do Conhecimento às Estratégias Organizacionais.

Marilia Damiani Costa e Lia Krucken apresentam **O Uso de Mapas para Promover e Gerenciar o Conhecimento Estratégico nas Organizações** em três Empresas de Base Tecnológica, a saber: a CEBRA – Conversores Estáticos Brasileiros Ltda.; a Agriness – Soluções Informatizadas para Gestão Técnica e Estratégica da Cadeia de Suínos e de Bovinos de Confinamento; e a Especto – Projetos Customizados de Painéis Eletrônicos. A construção dos mapas promoveu o gerenciamento do conhecimento estratégico, estimulando a reavaliação dos objetivos organizacionais, e possibilitou o desenvolvimento da visão estratégica do negócio e do seu ambiente, a análise crítica do posicionamento do negócio e o desenvolvimento da visão sistêmica de competitividade.

Para o entendimento da **Parte 2**, intitulada **Processos de Gestão do Conhecimento**, parte-se da compreensão do que é Gestão do Conhecimento. Para Sayon (1998), Gestão do Conhecimento é um processo interno que visa a conseguir o reaproveitamento do conhecimento adquirido pelos colaboradores no dia-a-dia da empresa. Segundo Loughbridge (1999), a Gestão do Conhecimento pode ser definida como o processo de aquisição, troca e uso do conhecimento dentro das organizações, incluindo os processos de aprendizado e os sistemas de informação. Para tanto, requer a transformação do conhecimento pessoal em conhecimento corporativo de forma a ser compartilhado e apropriadamente aplicado; sendo sua sistematização vital às organizações.

Na visão de Davenport e Prusak (1998), a Gestão do Conhecimento pode ser vista como o conjunto de processos de criação, uso e disseminação de conhecimentos na organização.

Para Moran (1994), é um conjunto de processos que governa a criação, a disseminação e a utilização de conhecimento no âmbito das organizações.

Diante das definições anteriomente expostas, pode-se inferir que Gestão do Conhecimento é um conjunto de processos que acontecem por meio da aquisição, da criação, do armazenamento, do compartilhamento, do uso e da mensuração do conhecimento na organização.

Cada um desses processos é enfocado de maneira e com importância diferente nas organizações, não significando que todos devam estar presentes para que ocorra a Gestão do Conhecimento, o que pode ser constatado nos casos relatados na presente parte.

Nilton S. Outi e Faimara R. Strauhs apresentam a **Aplicação Nacional do Processo de Criação do Conhecimento Japonês – Caso Denso do Brasil**. Com base nas fases do processo de criação de conhecimento, propostas por Nonaka e Takeuchi (1997), e nos capacitadores do conhecimento, de Krogh, Ichijo e Nonaka (2001), abordam a subculturas dentro de uma mesma corporação, a importância de se criar uma cultura compartilhada e de se construir um ambiente de conhecimento inteiriço (o *ba*) em organizações com plantas instaladas em diferentes países.

Nessa mesma perspectiva, Moacir de Miranda Oliveira Junior e Homero Jorge Mazzola relatam o **Caso da Construtora Norberto Odebrecht: Redes de Compartilhamento de Conhecimento em Negócios Internacionais**, que, para fazer frente aos desafios da internacionalização, adotou estratégias de compartilhamento de conhecimentos gerados nas diversas unidades localizadas em diferentes países. Destacam a existência, dentro da rede mundial do grupo Odebrecht, do Departamento de Conhecimento e Informação para Apoiar o Desenvolvimento de Negócios (Ciaden) responsável por articular o conhecimento nos vários projetos internacionais desenvolvidos.

Helena Tonet, em seu relato **O Desafio de Compartilhar e Disseminar Conhecimento nas Organizações**, apresenta a discussão referente à distinção que alguns autores fazem dos termos compartilhamento, disseminação e transferência do conhecimento. Apresenta o caso de duas empresas. O primeiro é relativo à disseminação do conhecimento na UniGEAP – Fundação de Seguridade Social e o segundo, o compartilhamento de conhecimento no Correio Braziliense. Embora distintas, as duas situações descritas têm na base um problema semelhante: a necessidade de fazer o conhecimento fluir pela organização, ser passado e repassado entre pessoas, migrar de uma unidade de trabalho para outra, deslocar-se entre regiões. Considerando a situação descrita, Tonet aponta dois caminhos que estimulam as práticas de compartilhamento e de disseminação de conhecimento, as oficinas de aprendizagem e a capacitação a distância.

A **Parte 3** engloba os relatos referentes **A Inter-relação da Gestão do Conhecimento com Outras Áreas de Estudos Organizacionais**, demonstrando a natureza multidisciplinar da Gestão do Conhecimento e sua associação com a inovação, o aprendizado, a gestão de projetos e a tecnologia da informação, entre outras.

Gabriela Gonçalves Silveira Fiates, em seu capítulo, apresenta a inter-relação da **Inovação com a Gestão do Conhecimento** – o caso da Fundação Centros de Referência em Tecnologias Inovadoras (Certi), destacando que a inovação pode ser compreendida como uma das etapas mais importantes da Gestão do Conhecimento. Apresenta o processo de inovação em 12 etapas, destacando que, embora a inovação seja reconhecida como a aplicação ou o uso do conhecimento, as etapas propostas no modelo consideram outros processos da gestão do conhecimento. Para facilitar e garantir maior objetividade à análise do processo de inovação desenvolvido na Fundação, foram selecionados dez grandes projetos que serviram como referência para a caracterização do Sistema de Inovação Tecnológica da instituição. A autora conclui que o foco da Fundação Certi reside na Gestão de Conhecimento técnico ou tecnológico, evidenciando-se uma deficiência na Gestão de Conhecimentos comerciais e financeiros.

Martius Vicente Rodriguez y Rodriguez aborda a **Mineração do Conhecimento para a Priorização de Projetos – O Caso do Centro de Pesquisas e de Desenvolvimento da Petrobras – Cenpes**, com o uso da tecnologia de KDD – *Knowledge discovery in databases* e Datamining. O autor apresenta a metodologia de priorização de projetos utilizada pelo centro de pesquisa, destacando que é possível, a partir de fatos e dados e do conhecimento, identificar padrões de comportamento que possam nortear a priorização de projetos sujeitos a uma grande quantidade de variáveis endógenas e exógenas, aprimorando, a cada nova medição, os resultados obtidos. A metodologia apresentada foi construída a partir do conhecimento tácito de especialistas e de fatos e dados registrados ao longo dos anos.

Ligando **Gestão Empreendedora e Aprendizagem Organizacional** por meio do **Caso de uma Organização Hospitalar Dedicada à Saúde Mental**, Alfredo Emmerick e Heitor José Pereira apresentam o novo modelo de gestão, desenvolvido para a organização, com características empreendedoras. Fundamentado na gestão de competências, na aprendizagem organizacional, na estrutura por processos, busca romper com o paradigma do centenário modelo clínico asilar manicomial para um modelo assistencial de serviços externos, baseado no atendimento ambulatorial, em oficinas terapêuticas e no hospital-dia.

A organização procura tornar-se, nesses novos momentos, uma organização voltada para a aprendizagem. Os autores relatam no texto as diferentes ações que fizeram parte do Projeto de Reestruturação, entre elas a profissionalização da gestão.

Daniele Comarella e Faimara R. Strauhs consideram que tratar da aprendizagem e de um de seus *locus*, a organização que aprende, permite apreender, parcimoniosamente, a essência conceitual de comunidades de prática e seus benefícios organizacionais. Apresentando a **Comunidade de Prática Interna e Externa – Cronologia do Surgimento de uma CoP Interorganizacional no Boticário**, demonstram o rompimento das barreiras organizacionais, na busca de soluções para a Gestão do Conhecimento Organizacional. No início, eram oito integrantes, todos colaboradores de uma mesma empresa. A essa iniciativa aderiram três grandes empresas da região metropolitana de Curitiba. Atualmente, após dois anos de funcionamento, houve a adesão de membros de outras grandes empresas, em um processo contínuo de expansão. Diversas ações de inter-relacionamento utilizadas são apresentadas e discutidas no texto.

No texto a **Sabedoria das Multidões – Predição do Preço de Energia no Mercado Brasileiro**, Martius Vicente Rodriguez y Rodriguez, Rogério Almeida Manso da Costa Reis e Mauricio Abreu destacam, baseados em Surowiecki (2004), que os grupos – sob certas condições – têm provado ser extraordinariamente habilidosos para encontrar soluções e até prever acontecimentos futuros. Apresentam casos de sucessos de empresas que utilizaram os conceitos da sabedoria das multidões ou inteligência coletiva e fracassos de organizações que não o utilizaram. Para prever o preço de energia, que não é nada simples, a Petrobras desenvolveu o Sistema, denominado Sistema de Estimativa de Preço de Energia (Sepe), baseado nos conceitos da Sabedoria das Massas. No texto, apresentam e discutem as vantagens e características do caso e os principais critérios que devem balizar a construção dos modelos baseados na sabedoria das multidões.

Ariane Hinça Scheneider e Hélio Gomes de Carvalho apresentam o **Método de Gestão do Conhecimento Proposto para o Escritório de Projetos do HSBC Bank Brasil**. O modelo reside em implantar práticas do Método Gestão do Conhecimento no ambiente de projetos, visando buscar, processar e armazenar dados, informações de todas as partes interessadas nos projetos: a alta administração, os gerentes, empregados e colaboradores da organização, os fornecedores, o governo e sua política, clientes e concorrentes, patrocinadores, financiadores, entre outros. Nesse contexto, os autores identificam o Escritório de Projetos como a estrutura dentro das organizações com maior potencial para assumir a liderança da implantação e acompanhamento das práticas de Gestão do Conhecimento, como forma de somar esforços rumo à excelência no gerenciamento de projetos.

Na **Parte 4** são apresentados alguns Casos Gerais referentes a Modelos de Gestão nos quais diversas experiências e práticas de gestão do conhecimento são utilizadas para auxiliar os gestores a obter vantagem competitiva.

Filipe Cassapo apresenta o caso de **Gestão do Conhecimento e Transformação dos Modelos de Gestão – Um Retrato das Experiências do Grupo Votorantim**. Disserta sobre um conjunto de exigências radicais decorrentes da mudança de contexto que as organizações devem observar para garantir sua perenidade. Discute sobre as formas de abordar o conhecimento: como objeto e como processo, concluindo, concretamente, que ele é um processo, sendo necessário, portanto, que uma organização crie as condições adequadas para a geração, a transferência, a retenção e a aplicação do conhecimento. Destaca que o desafio da transformação dos modelos de gestão imposto pelo novo contexto dos negócios consiste em favorecer a emergência espontânea de redes de conhecimento, por meio da criação de condições ambientais adequadas na organização. Relata, com riqueza de detalhes, o Modelo de Gestão Votorantin, estruturado em quatro grandes pilares: Governança do Grupo, Sistema de Gestão e Redes de Conhecimento; Criando as condições adequadas para uma identidade e valores compartilhados; Lideranças e catalisação das mudanças; e Desdobramentos operacionais das redes e Gestão do Conhecimento. Conclui, apresentando lições aprendidas e desafios futuros.

Joselito Oliveira, por sua vez, relata **O Desenvolvimento Organizacional e o Modelo de Gestão da Nutrimental**, que começou a ser construído em 1997 com o objetivo de atender às necessidades da organização. Possui como principal proposição de valor a capacidade de inovar, tendo como filosofia o alto nível de participação de seus integrantes. O autor versa sobre a evolução do modelo, apresentando e discutindo seus principais componentes, o *Balanced Scorecard*, a Investigação Apreciativa, a Remuneração por Competências e o Gerenciamento por Livro Aberto. Conclui que existem diversas formas de estruturar um modelo de Gestão de Conhecimentos, e que cada empresa deve ter seu conjunto de práticas, processos e ferramentas que atendam às suas necessidades de gestão. O importante é que essas ferramentas e processos estejam alinhados com as escolhas estratégicas e o grau de maturidade que a empresa se encontra.

Rivadávia C. Drummond de Alvarenga Neto e Rogério Salles Loureiro colocam que a **Gestão do Conhecimento no Centro de Tecnologia Canavieira (CTC)** pode ser compreendida a partir da convergência de três pilares: o modelo proposto por Choo (1998), a ideia do contexto capacitante de Von Krogh, Ichijo & Nonaka (2001) e a metáfora do "guarda-chuva conceitual da GC" de Alvarenga Neto (2005). O escopo de atuação envolve, além da gestão da própria área, as áreas de Tecnologia da Informação (TI) e Comunicação e Relações Institucionais, apoiadas por uma equipe do processo de GC multidisciplinar. A premissa é o fortalecimento dos elementos do contexto capacitante, e as práticas de GC estão agrupadas em quatro áreas: Gestão Estratégica da Informação, Gestão Eletrônica de Documentos (GED) e Mapeamento de Processos; Gestão do Capital Intelectual, Competências, Pessoas e Ativos Intangíveis; Monitoração Ambiental, Inteligência Competitiva e Pesquisa de Mercado; e Criação do Contexto Capacitante. Os autores concluem destacando os principais obstáculos à GC na empresa.

Encerrando a apresentação dos casos, vale ainda destacar alguns questionamentos feitos com relação à (im)possibilidade de as organizações gerenciarem o conhecimento.

Filipe Cassapo discute o conhecimento como "objeto" ou como "processo", conclui que é um processo, e que é necessário que a organização crie as condições adequadas para a geração, a transferência, a retenção e a aplicação desse conhecimento.

No mesmo sentido, Rivadávia C. Drummond de Alvarenga Neto e Rogério Salles Loureiro concluem que grande parte do que se intitula ou convenciona chamar de GC é, na verdade, gestão da informação, mas que esta é apenas um dos elementos da GC e um dos seus pontos de partida.

Ante essas inferências, é importante discorrer de forma concisa as duas principais abordagens que geram polêmica no campo da Gestão do Conhecimento organizacional: a normativa e a interpretativa. A primeira abordagem privilegia o conhecimento explícito e individual, tratando-o como "objeto" gerenciável (Dhaliwal; Benbasat, 1996; Gregor; Benbasat, 1999; Zhao; Kumar; Stohr, 2001). A segunda abordagem, cujo foco é o conhecimento tácito, tem como princípio a construção de um ambiente que privilegia a interação entre os indivíduos por meio da criação do contexto capacitante, tratando o conhecimento como um "processo" (George; Iacono; Kling, 1995; Schultze; Boland, 2000; Stenmark, 2001, Von Krogh; Ichijo; Nonaka, 2001).

Quanto aos conceitos de informação e de conhecimento, de Gestão da Informação e de Gestão do Conhecimento, eles são utilizados como sinônimos, ou não, de acordo com a perspectiva de cada uma das abordagens, a normativa ou a interpretativa.

Definir informação e conhecimento, segundo Davenport (1998), não é tarefa fácil. Seus significados não são tão evidentes e formam um sistema hierárquico de difícil delimitação. O autor resiste em fazer a distinção por considerá-la nitidamente imprecisa, contudo ressalta a importância da informação como base para o conhecimento.

Nonaka e Takeuchi (1997, 2000) destacam, porém, que a criação de novos conhecimentos não é simplesmente o processamento de informações objetivas, provenientes dos órgãos dos sentidos ou do intelecto, que foram por muito tempo os mais desenvolvidos e valorizados pela sociedade, mas o aproveitamento de *insights*, intuições e palpites tácitos, muitas vezes altamente subjetivos. Eles consideram que a natureza subjetiva e intuitiva do conhecimento tácito dificulta o processamento ou a transmissão do conhecimento adquirido.

Terra e Angeloni (2002) ressaltam, ainda, que é importante entender os limites da tecnologia da informação no contexto da Gestão do Conhecimento. A gestão e a disseminação do conhecimento codificado, explícito, podem beneficiar fortemente o desenvolvimento de tecnologias de informação. Há, porém, que se destacar que, apesar das recentes melhorias na habilidade de codificar e procurar informação e conhecimento não estruturados, é importante reconhecer que grande parte do conhecimento de qualquer organização permanecerá nas cabeças das pessoas, e não pode ser facilmente codificado, estruturado e, principalmente, armazenado em suporte tecnológico, necessitando de relação direta de seus detentores.

Vale ressaltar que, na inter-relação entre gestão da informação e gestão do conhecimento, há que se entender que o escopo e as áreas de atuação em projetos de Gestão do Conhecimento são muito mais amplos que em projetos de Gestão da Informação, e que as empresas engajadas em programas de GC precisam criar um ambiente propício ao seu compartilhamento.

Considerando ainda que a Gestão do Conhecimento é um campo multidisciplinar, Terra e Angeloni (2002) destacam a importância de aumentar a capacidade interpretativa dos indivíduos organizacionais do que aumentar simplesmente a quantidade de informações disponíveis. Ressaltam, também, que não é possível se pensar em realizar a Gestão do Conhecimento sem uma grande atenção às diferenças entre conhecimento tácito e explícito e às várias facetas e teorias relacionadas com os atos humanos de criar, aprender, intuir, decidir, codificar, compartilhar e agir.

Na tentativa de esclarecer alguns conceitos ainda não suficientemente delimitados, sentimo-nos realizados com o resultado final da obra, um esforço conjunto de um número significativo de autores na busca de auxiliar as organizações brasileiras e seus atuais e futuros dirigentes a entrar nesse caminho e a percorrê-lo com sucesso.

Os relatos apresentados nesta coletânea descrevem diferentes situações, uma gama de abordagens, de uso de ferramentas e práticas de gestão que visam a apoiar a mudança nas organizações, criando um futuro organizacional mais competitivo e apoiando o crescimento da nação. Acreditamos que as diferentes perspectivas apresentadas nos relatos contribuirão não apenas para o amadurecimento das discussões relativas à Gestão do Conhecimento no Brasil, como também para a sua implementação nas organizações.

Enfim, concluímos que este livro difere das demais publicações na área, pela sua orientação prática. Reúne artigos de vários especialistas em GC no Brasil e apresenta conceitos que muitas vezes diferem. Levanta uma diversidade de caminhos possíveis de serem trilhados e demonstra que não existe "receita de bolo" para aplicar GC nas empresas. Constata que existem, sim, organizações brasileiras que estão migrando do modelo tradicional de gestão para um modelo de gestão mais adequado à realidade das organizações do século XXI, da sociedade da informação e do conhecimento.

Os relatos dos casos apresentados na presente obra contribuem para desmistificar os mitos de que Gestão do Conhecimento é apenas para grandes empresas e que não é pertinente para empresas brasileiras, demonstrando assim, a sua aplicabilidade em todo e qualquer tipo e tamanho de organização.

É importante destacar que cada organização deve encontrar seu próprio caminho. Os relatos demonstram que não existe um modelo padrão que possa ser utilizado em/e por todas as empresas. Cada uma, como cada indivíduo, tem seu próprio DNA, e, portanto, deve desenvolver um modelo que se adapte às características de sua cultura, de sua estrutura, de seu estilo gerencial, de sua tecnologia, assim como aos modelos mentais de seus integrantes. Um modelo serve como fonte de reflexão e inspiração para repensar o modelo de gestão implantado, e os relatos apresentados, temos certeza, irão contribuir para o amadurecimento da área de Gestão do Conhecimento tanto no mundo acadêmico como no empresarial do país.

Obrigada e boa leitura!

Maria Terezinha Angeloni

Sumário

Parte 4

Parte 1

Gestão do Conhecimento e Estratégias Organizacionais

1

O Uso de Mapas para Promover e Gerenciar o Conhecimento Estratégico nas Organizações

Marilia Damiani Costa
Lia Krucken

1. Introdução

Muito conhecimento é gerado nas organizações, no entanto, pouco dele é registrado e reutilizado de forma sistemática. A construção de representações gráficas desse conhecimento, na forma de mapas, pode contribuir eficazmente para o desenvolvimento, o compartilhamento e a distribuição do conhecimento nas organizações.

O objetivo deste artigo é enfatizar que a construção de mapas pode contribuir, eficazmente, tanto para a melhoria de processos internos da organização como para a visualização de estratégias e o alinhamento de suas competências essenciais.

Com o propósito de tornar acessível o conhecimento teórico relacionado com a construção de mapas e a Gestão do Conhecimento ao meio empresarial, apresentaremos algumas experiências realizadas em Empresas de Base Tecnológica (EBT)[1] brasileiras.

Para orientar esse percurso, é importante esclarecer o conceito de gráfico e de mapa adotado neste artigo. Gráfico pode ser definido, de forma genérica, como uma "representação da linguagem por sinais visuais"[2]. Nesse sentido, a palavra "gráfico" incorpora vários tipos de representações visuais de informações, entre os quais: diagramas, fluxogramas, histogramas e mapas[3].

Mapas, portanto, são um tipo de gráfico. Geralmente, apresentam um conjunto de elementos ou qualidades, associados de acordo com um modelo ou uma regra, e fornecem direção ou orientação. Dessa forma, os mapas permitem a visualização de um conceito, de uma ideia (como os mapas mentais, mapas conceituais, mapas semânticos, mapas do conhecimento e mapas cognitivos, por exemplo), ou possibilitam a localização física ou geográfica (como o mapa-*múndi*, os mapas rodoviários e os mapas de ativos do conhecimento em uma organização, entre outros). Assim, "mapeamento" refere-se à ação de identificar dados, informações e conhecimentos, tornando-os acessíveis por meio da elaboração de um mapa.

Diversos tipos de mapeamentos têm sido utilizados no contexto empresarial. Entretanto, neste artigo, foram selecionadas três aplicações: mapa semântico, mapa estratégico do BSC e mapa da cadeia de valor.

2. Referencial teórico

2.1 Uso de informações e o desenvolvimento de conhecimento nas organizações

Informações e conhecimentos são parte de um processo sinérgico, vital para a competitividade das organizações.

O conhecimento resulta de uma combinação de tipos de conhecimentos explícitos (acessíveis, codificados, registrados) e tácitos (pessoais, não-codificados). E no ambiente organizacional se desenvolve em espiral partindo do indivíduo, sendo compartilhado em grupos e se incorporando às organizações (Nonaka; Takeuchi, 1997).

O conhecimento organizacional é também produto de uma rede de processos de uso da informação, que se desenrolam em três arenas estratégicas: *Para dar sentido às mudanças do ambiente externo, para gerar novos conhecimentos por meio do aprendizado e para tomar decisões* (Choo, 2003).

Portanto, gerenciar informações e disponibilizá-las de forma adequada ao contexto organizacional serve como *input* para o desenvolvimento de conhecimentos.

2.2 A importância de representações gráficas no contexto empresarial

Observa-se, cada vez mais, a utilização da comunicação visual na sociedade atual. Ícones visuais são padronizados e difundidos com a intenção de estabelecer um vocabulário comum, de rápida e fácil compreensão.

A representação gráfica de conhecimentos tem a função de tornar imaginável uma realidade, ou seja, concebível, compreensível e manipulável pela imaginação – destaca Moles (1991). A linguagem dos grafos e suas construções – esquemas, organogramas etc. têm uma qualidade didática específica: a de fazer visíveis coisas que por natureza não o são.

A linguagem gráfica, reforça Costa (1991, p. 43), "*se aplica a tornar inteligíveis as coisas correntes da vida, que se ocultam atrás de alguma opacidade, e também tornar compreensíveis os fenômenos, dados, estruturas, magnitudes, metamorfoses e outros aspectos do universo que não são tão evidentes nem diretamente acessíveis ao conhecimento*".

O citado autor ressalta que a elaboração de um gráfico implica a participação ativa por parte do indivíduo receptor. E, portanto, deve tornar transparentes, compreensíveis e memorizáveis as informações que o indivíduo recebe, incorpora à sua cultura e que utiliza em momentos determinados de sua linha de universo.

No ambiente empresarial, cores e formas assumem significados determinados e estabelecem uma base de referência comum – como ocorre nos casos de plantas industriais, fluxogramas, quadros kan-ban, dentre outros. Esses gráficos se referem a atividades operacionais da empresa, que, na maioria das vezes, são de natureza predominantemente mecânica, e, portanto, mais facilmente linearizáveis.

A construção de gráficos que representem conhecimentos estratégicos, na forma de mapas, no entanto, é muito mais complexa, pois constitui sistemas em evolução, de natureza orgânica e flexível. Para representar o conhecimento estratégico, é imprescindível considerar essas características e estabelecer parâmetros que não simplifiquem demasiadamente suas inter-relações e dissimulem suas dimensões dinâmicas. Os mesmos parâmetros, porém, devem possibilitar a manutenção do foco e permitir o diálogo com uma estrutura de referência bem definida, para que a mensagem seja compreensível e o processo, reprodutível.

Apesar da densidade de significados embutidos, a representação gráfica de um sistema complexo deve-se apresentar simples, de fácil compreensão e motivar e dirigir para a ação. Gráficos coerentes e claros podem ser ferramentas úteis para estimular a compreensão de situações que não se apresentam de forma linear.

Nesse sentido, algumas das competências características da área de *design*[4] se mostram cruciais: absorver informações, combinar os conhecimentos e organizá-los, representando-os graficamente.

Os gráficos "*nos possibilitam realizar diferentes formas de pensamento, que são difíceis ou impossíveis desenvolver de outras formas*" (Phillips, 1989, p. 25). E, de acordo com o autor, todos os tipos de gráfico representam diferentes soluções para um problema em comum, que é "*nossa capacidade limitada de se recordar de informações não processadas*" (ibid).

Evidencia-se, dessa forma, o importante papel do gráfico, em especial os mapas, como um instrumento facilitador de aprendizagem e para a Gestão do Conhecimento.

2.3 Funções dos mapas no ambiente empresarial

Os mapas podem atuar eficazmente como subsídio para a melhoria dos processos relacionados com a competitividade – por exemplo, a tomada de decisões estratégicas, desenvolvimento de novos produtos, desenvolvimento de parcerias – e, sobretudo, no desenvolvimento de uma visão compartilhada de suas competências e metas. Também podem servir como guia e agenda para ações.

A visualização dos recursos existentes suporta a elaboração e a orientação de estratégias relacionadas com os objetivos da organização (que, por sua vez, também podem ter sido mais bem esclarecidos por meio da utilização dos gráficos). Suporta, ainda, a gestão dos próprios recursos para otimizar a situação presente e potencializar a situação futura, com vistas a manter/aumentar a competitividade da organização.

Nesse sentido, os mapas caracterizam-se como uma ferramenta crucial para subsidiar a inovação nas organizações e nos sistemas produtivos (Krucken; Costa; Bolzan, 2002; Costa; Krucken, 2004 e Krucken; Costa,

2005). As principais funções dos mapas no ambiente empresarial são apresentadas na Figura 1.

Principais funções dos mapas no ambiente empresarial

- Comunicar rapidamente, auxiliando e complementando a comunicação verbal.
- Auxiliar a visualização de sistemas complexos.
- Atuar como base comum para discussão, apresentando informações de modo claro e direto.
- Compartilhar vocabulários.
- Possibilitar e facilitar a recuperação de conteúdos.
- Suportar o desenvolvimento de conhecimento estratégico e seu registro.

Figura 1 – Principais funções dos mapas no ambiente empresarial.

2.4 Construindo mapas e criando conhecimento

A criação do conhecimento, segundo Nonaka e Takeuchi (1991), resulta de um ciclo contínuo de quatro processos integrados: externalização, internalização, combinação e socialização. Esses mecanismos de conversão são complementares e interdependentes, e se combinam de acordo com o contexto. Os autores definem o conhecimento explícito ou codificado como o conhecimento que pode ser articulado e comunicado em linguagens formais. Por outro lado, o conhecimento tácito é pessoal e difícil de formalizar, o que dificulta a sua comunicação e o seu compartilhamento, por estar enraizado nas ações e experiências dos indivíduos, nos seus ideais, nos seus valores e nas suas emoções.

A construção de mapas está relacionada com a etapa de explicitação do conhecimento, de sua conversão por meio da externalização e da socialização. Já o resultado – o mapa – é um conhecimento codificado, que está relacionado com a internalização e a combinação de conhecimentos (Figura 2).

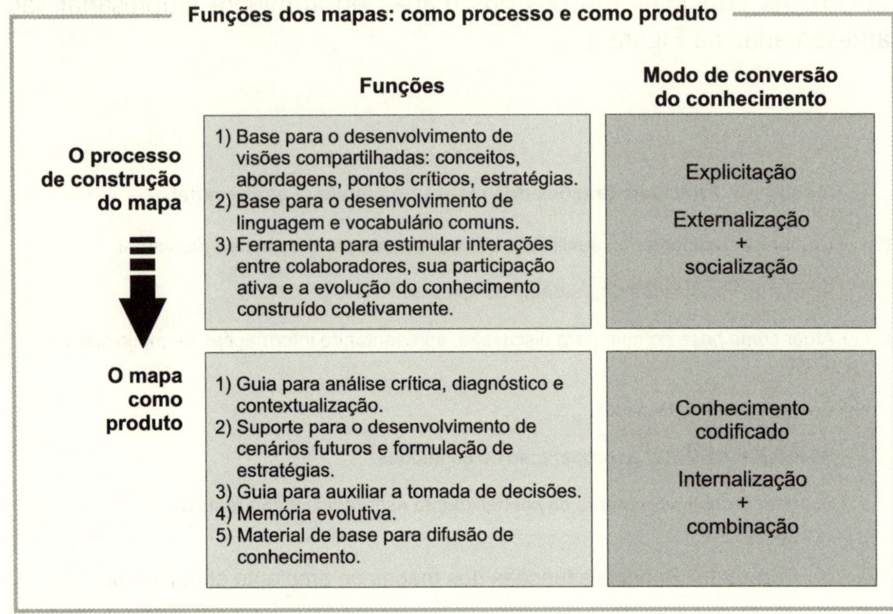

Funções dos mapas: como processo e como produto
Funções
Modo de conversão do conhecimento
O processo de construção do mapa
1) Base para o desenvolvimento de visões compartilhadas: conceitos, abordagens, pontos críticos, estratégias.
2) Base para o desenvolvimento de linguagem e vocabulário comuns.
3) Ferramenta para estimular interações entre colaboradores, sua participação ativa e a evolução do conhecimento construído coletivamente.
Explicitação
Externalização + socialização
O mapa como produto
1) Guia para análise crítica, diagnóstico e contextualização.
2) Suporte para o desenvolvimento de cenários futuros e formulação de estratégias.
3) Guia para auxiliar a tomada de decisões.
4) Memória evolutiva.
5) Material de base para difusão de conhecimento.
Conhecimento codificado
Internalização + combinação

Fonte: Krucken; Costa (2005).

Figura 2 – A importância de representar: funções do processo de construção de um mapa e do mapa como resultado desse processo.

O conhecimento, afirma Allee (2003), evolui por meio de sistemas simbólicos, incluindo a abstração de ideias ou modelos sobre como o mundo funciona. Sob esse ponto de vista, um mapa pode ser uma ferramenta útil para suportar um tipo particular de discussão, iluminando dinâmicas fundamentais. Para a autora, a elaboração de gráficos pode se revelar como técnica eficaz na exploração de questões relacionadas com a criação de valor: identificação dos intangíveis de maior relevância, das funções críticas a serem desempenhadas, do modo que processos complexos interagem entre si e sobre como o negócio realmente se articula.

Ao se elaborar um mapa em contextos empresariais, o objetivo não é a obtenção de um diagrama "perfeito". O propósito é apresentar uma interpretação da realidade, parametrizada com o objetivo de destacar os itens relacionados com o alvo da investigação. Portanto, o mapa deve permitir a inclusão de novas informações e ajustes.

2.5 Contribuições do mapeamento nos processos essenciais de Gestão do Conhecimento

Mapear conhecimentos é parte fundamental dos processos essenciais de Gestão do Conhecimento (GC).

Os mapas de conhecimento podem ser utilizados tanto para localizar especializações quanto para mapear os ativos de conhecimento, permitindo que quaisquer tipos de conhecimentos possam ser formalizados e tornados acessíveis. Probst; Raub; Romhardt (2002) reforçam que esses tipos de representações "*aumentam a transparência e auxiliam a identificação de especialista ou de fontes do conhecimento, permitindo, assim, que o usuário classifique o conhecimento novo em relação ao existente e ligue tarefas com especialistas ou ativos do conhecimento*".

As principais contribuições dos mapas referem-se às etapas de identificação, desenvolvimento, compartilhamento e distribuição do conhecimento, conforme evidenciado no modelo dos elementos construtivos de Probst; Raub; Romhardt (2002), que segue na Figura 3.

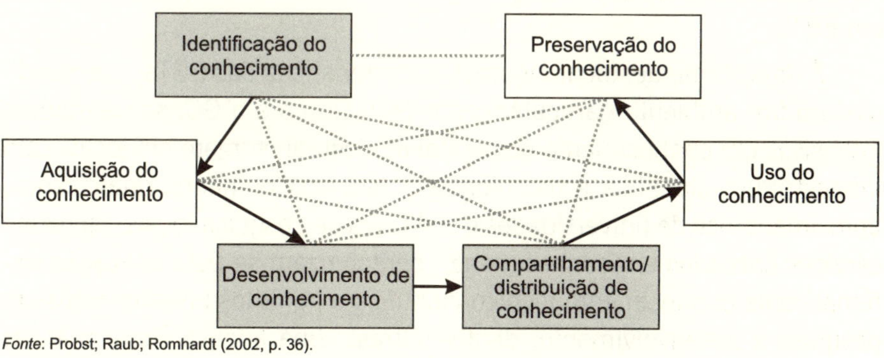

Fonte: Probst; Raub; Romhardt (2002, p. 36).

Figura 3. Modelo dos elementos construtivos da Gestão do Conhecimento.

Os mapas de conhecimento são bastante apropriados para a identificação de conhecimentos tanto internos quanto externos às organizações. Ao reforçarem as competências internas, deixam transparecer as competências que precisam ser criadas.

Existe uma gama de representações de mapas de conhecimento, como topografias, mapas de ativos do conhecimento, mapas de fontes de conhecimento, mapas de ativos do conhecimento, matrizes de conhecimento. Os principais tipos de mapa são apresentados em Costa; Krucken (2005).

Importante é que sejam mantidos como registros vivos, dinâmicos, em constante atualização. Outras representações visuais podem ser construídas com base nas representações já existentes, adaptadas para a função de Gestão do Conhecimento para competitividade empresarial. Variáveis analíticas podem ser substituídas por categorias sistêmicas, conferindo dinamicidade ao instrumento. Sob esse aspecto, destaca-se o potencial das ferramentas da qualidade, quando considerados em um enfoque estratégico.

3. Aplicação de mapas no contexto empresarial

Para ilustrar os aspectos teóricos apresentados neste artigo, foram selecionados três exemplos de aplicação de mapas no contexto empresarial em EBTs.

É importante destacar algumas características das EBTs, que condicionam um ambiente particularmente propício para a GC: são empresas intensivas em conhecimento ou capital intelectual; surgem em locais com infraestrutura científica e tecnológica e recursos humanos qualificados, aproximando-se de universidades e institutos de pesquisa locais; oferecem serviços baseados em conhecimento; caracterizam-se pela aplicação sistemática de conhecimento técnico-científico e por altos investimentos em pesquisa e desenvolvimento, dentre outras. Uma análise sobre práticas gerenciais específicas das EBTs e sua relação com a GC é apresentada por Kappel (2003).

3.1 Mapeamento do posicionamento estratégico: aplicação de mapa semântico

A construção de mapas como estratégia para a criação de conhecimento organizacional é aprofundada por Costa (2003). A citada autora destaca o uso de mapas semânticos em experiência em EBTs, como apresentado no caso a seguir.

Os mapas semânticos têm como objetivo a ativação do conhecimento prévio dos sujeitos sobre o tema, e sua aplicação permite visualizar graficamente os conhecimentos existentes, bem como, em sua elaboração, impulsionar a criação de novos conhecimentos, por meio do compartilhamento de termos e conceitos entre os participantes (Costa, 2003). Consiste, portanto, em uma ferramenta que permite registrar o conhecimento individual e coletivo, gerando um léxico comum, identificando as lacunas de conhecimento e ampliando o conhecimento organizacional. Um exemplo desse tipo de mapa é apresentado na Figura 4.

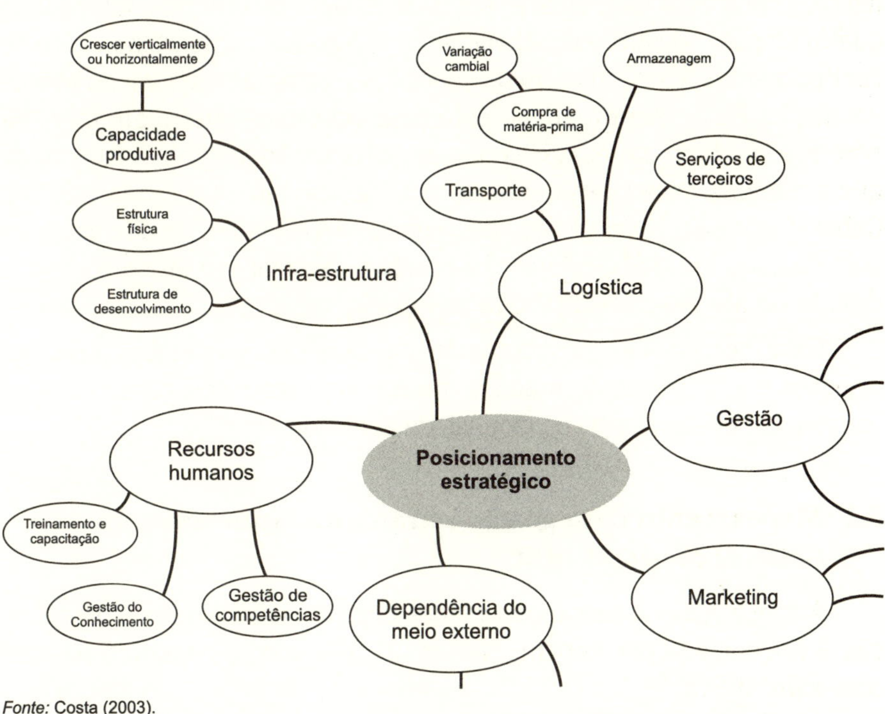

Fonte: Costa (2003).

Figura 4. Mapeamento dos tópicos relacionados com posicionamento estratégico de uma EBT: exemplo de aplicação de mapa semântico no contexto organizacional (a figura apresenta uma parte do mapa).

Caso 1: A Cebra Conversores Estáticos Brasileiros Ltda.

A Cebra Conversores Estáticos Brasileiros Ltda. é uma empresa fundada em junho de 1990 por quatro engenheiros eletricistas com mestrado em Eletrônica de Potência, que se dedica ao desenvolvimento e à fabricação de conversores e fontes de alimentação chaveadas, sob encomenda. Com tecnologia própria, que é constantemente atualizada, a Cebra oferece ao mercado produtos que são utilizados em automação bancária, automação comercial, automação industrial, telecomunicações e em aplicações especiais. Em 1999, houve um incremento em seus processos com a implantação do Sistema ISO de Gerenciamento da Qualidade. Em uma das revisões do processo de planejamento estratégico, a empresa fez uma experiência inovadora utilizando a elaboração de mapas semânticos para registrar, desenvolver e compartilhar o conhecimento organizacional estratégico. O processo foi realizado em uma reunião de diretoria abrangendo quatro etapas: registro do conhecimento individual, compartilhamento de conhecimentos, categorização de conceitos e complementação do mapa/validação. Participaram ativamente do processo os quatro diretores da empresa. Ao final da reunião, pôde-se obter um mapa com o registro do que a diretoria da empresa entende por "posicionamento estratégico" da Cebra (Figura 4). Nesse mapa, além de se identificarem as diferentes visões de cada um dos diretores, foi possível negociar um léxico comum e discutir uma visão compartilhada do próprio negócio.

Uma das contribuições da construção de mapas semânticos nas organizações é a utilização do mapa como agenda para o seu gerenciamento estratégico, evidenciando as lacunas de conhecimento.

3.2 Mapeamento para gestão estratégica: aplicações do *Balanced Scorecard* (BSC)

A construção de mapas vinculados à gestão estratégica da organização é evidenciada por Kaplan; Norton (2004), com o método *Balanced Scorecard* (BSC).

O BSC é um método de avaliação de desempenho que se caracteriza por sua "capacidade de comunicar a visão e a estratégia por meio de indicadores de desempenhos originários de objetivos estratégicos e metas que

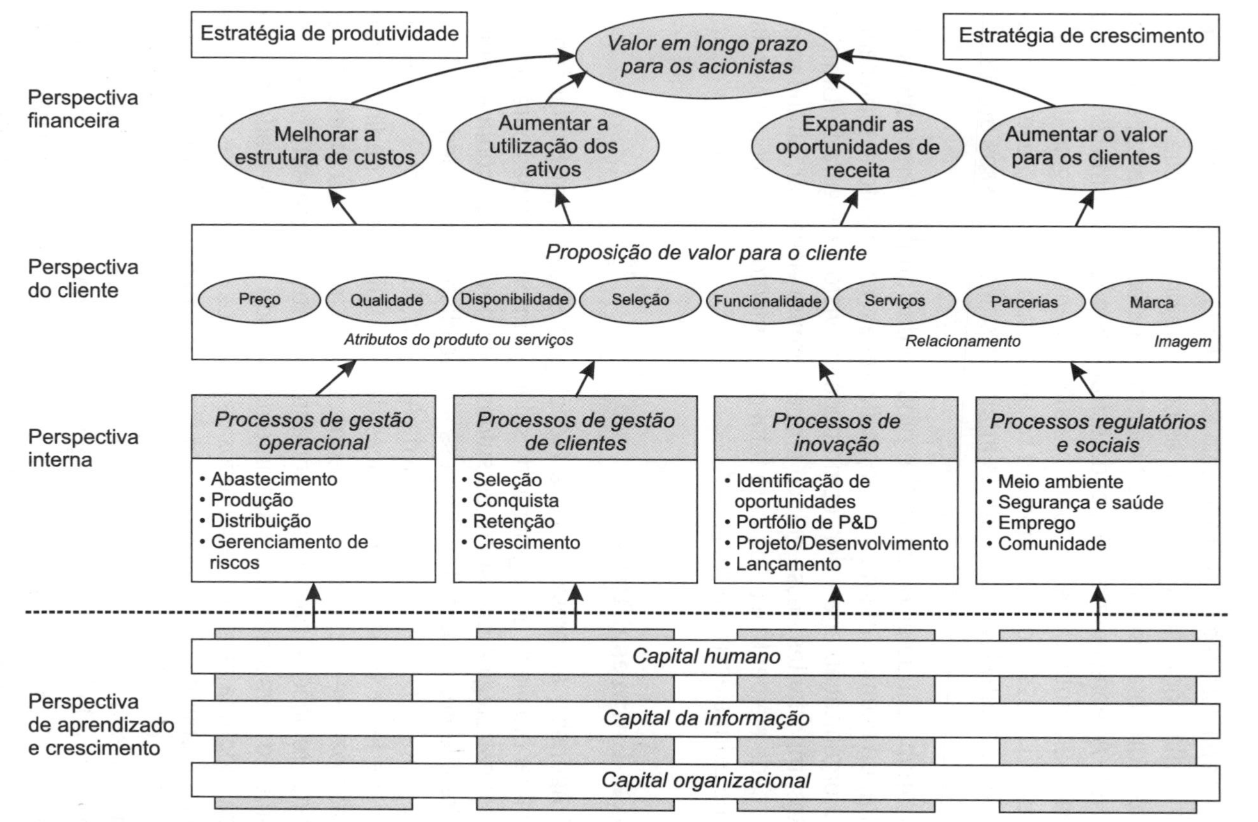

Fonte: Norton e Kaplan (2004).

Figura 5. Mapa estratégico do BSC.

interagem em meio a uma estrutura lógica de causa e efeito" (Kaplan; Norton, 1997).

O "mapa estratégico" gerado pelo BSC (Figura 5) possibilita aos executivos avaliar como suas organizações criam valor para os clientes atuais e futuros, equilibrando indicadores financeiros e não-financeiros, apontam os autores. A representação visual da estratégia pode ser uma ferramenta poderosa para entendimento comum e alinhamento estratégico de toda a organização. Dessa forma, reforçam os autores, o mapa representa "a ligação entre a estratégia e os ativos intangíveis nos processos que criam valor".

O "mapa estratégico" do BSC é produto das quatro perspectivas: financeira, do cliente, interna e de aprendizado e crescimento, e representa como a organização cria valor, como pode ser visto na Figura 5. Um dos aspectos importantes desse gráfico é que permite visualizar, simultaneamente, cada elemento e o conjunto total de elementos, bem como as relações que estabelecem entre si.

Caso 2: Empresa Agriness

A Agriness, empresa de base tecnológica situada em Florianópolis (SC), é líder brasileira do segmento de soluções informatizadas para gestão técnica e estratégica da cadeia de suínos e de bovinos de confinamento. Além dos clientes no Brasil, a Agriness atende clientes na América Latina, África e Europa. O grande diferencial da Agriness, fundada em 1999, é desenvolver e levar soluções tecnológicas de fácil utilização e na linguagem adequada para seus clientes e parceiros. De fato, a empresa investe fortemente nas relações e parcerias e, portanto, seu posicionamento baseia no atendimento personalizado. Essa interação pode ser observada até na "moeda" adotada pela empresa: todos os negócios com clientes (criadores de suínos e bovinos) são baseados em "tonelada-porco". A partir de projeto realizado em 2004, junto a Acate, a empresa mapeou seus processos-chave e suas competências essenciais, fortalecendo sua estratégia. O método utilizado foi o BSC. O mapa gerado (com base na Figura 5) apoiou o refinamento da estratégia organizacional e o alinhamento de suas ações e objetivos em curto, médio e longo prazos. O forte comprometimento dos diretores da empresa e de seus colaboradores foi um fator crítico para o desenvolvimento de mapas que representam a realidade da empresa. Ao fim desse processo, as proposições de valor da organização foram alinhadas com os objetivos e a cultura da empresa, refletindo-se no seu posicionamento junto a seus parceiros e clientes.

Este caso reforça a função do mapa como ferramenta estratégica, crucial para orientar o contínuo progresso da empresa e a visão sistêmica dos elementos envolvidos na estratégia organizacional.

3.3 Mapeamento da criação de valor nas organizações: identificando oportunidades

Cada vez mais, a criação de valor é vista como um processo realizado conjuntamente por atores que integram seus conhecimentos e suas competências para desenvolver produtos e serviços de qualidade para a sociedade.

A análise desse processo, identificando elos existentes e possíveis parcerias, pode promover sua competitividade em nível sistêmico, ou seja, não somente das organizações isoladamente, mas também do próprio sistema do qual fazem parte. As principais atividades do processo de criação de valor de produtos são apresentadas na Figura 6.

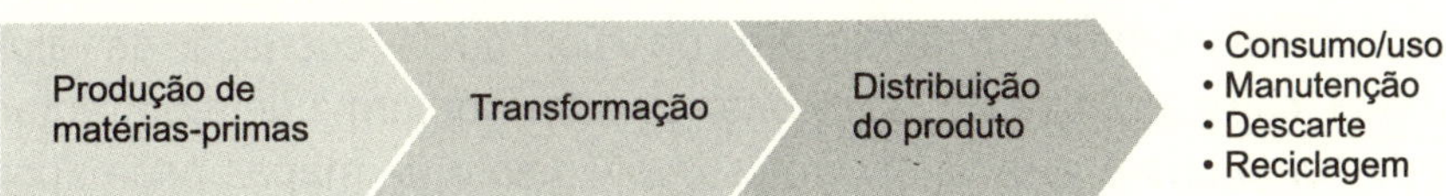

Figura 6. Principais níveis de atividades envolvidos no processo de criação de valor de produtos.

Existem muitas abordagens e formas de representar o processo de criação de valor.

O termo "cadeia de valor" foi difundido por Porter (1985) na década de 1980. Segundo o autor, "toda empresa é uma reunião de atividades que são executadas para projetar, produzir, comercializar, entregar e sustentar seu produto. Todas essas atividades podem ser representadas, fazendo-se uso de uma cadeia de valores" (Porter, 1985, p. 33). O autor tem como foco a cadeia de valor interna da organização.

Na década de 1990, Normann; Ramírez (1993) evidenciaram que o foco da análise estratégica não era mais a empresa ou a indústria, mas o próprio sistema de criação de valor. A tarefa-chave, estratégica para as empresas, passa a ser a "reconfiguração dos papéis e dos relacionamentos entre a constelação de atores econômicos envolvidos", no sentido de mobilizar a criação de valor em novas formas e por novos atores. O conceito de "constelação de valor" foi introduzido pelos autores e está baseado na ideia de que "o valor é coproduzido por atores que se inter-relacionam e que distribuem, a si mesmo e aos outros, explicitamente ou implicitamente, no tempo e no espaço, as tarefas que a criação de valor comporta" (Normann; Ramírez, 1993, p. 53).

Outra abordagem de sistema de valor é proposta por Allee (2003). Para a autora, uma "rede de valor" é uma teia de relacionamentos que geram valor tangível e intangível por meio de trocas dinâmicas complexas entre dois ou mais indivíduos, grupos ou organizações. O conhecimento e outras trocas intangíveis não são apenas atividades que suportam o modelo de negócio, são parte dele. Essa é uma importante diferença em relação à abordagem tradicional de cadeia de valor, conforme afirma a autora. Visualizar uma empresa como uma rede de valor "conduz a uma melhor compreensão do modelo de negócio real" (Allee, 2003, p. 85).

Prahalad; Ramaswamy (2004) destacam que não existe um modelo único para a visualização do "sistema de valor" ou da "cocriação de valor". Ou seja, cada organização deve construir a melhor forma de representar o modo como cria e gere valor. O desenvolvimento de mapas pode apoiar também nesse processo.

Caso 3: Empresa Especto

A Especto, empresa de base tecnológica sediada em Florianópolis (SC), vem-se consolidando no mercado nacional por meio do investimento continuado em suas competências essenciais. O presidente da empresa, juntamente com diretor de negócios, é responsável pelo crescimento da empresa e pela ampliação da sua esfera de atuação. Do projeto de painéis eletrônicos a empresa passou ao desenvolvimento de projetos customizados, investindo em tecnologia para a qualidade no atendimento ao público. A empresa é certificada pela ISO 9001:2000, desde 2005.

Com vistas a apoiar a definição da estratégia da empresa em longo prazo e o alinhamento de suas ações, realizou-se o mapeamento da cadeia de valor e o método *Balanced Scorecard* (BSC), proposto por Norton e Kaplan (1997, 2004). Os mapas foram realizados de forma coletiva, envolvendo colaboradores de diversas áreas da empresa. De fato, o comprometimento dos colaboradores é essencial para o sucesso da estratégia. O mapeamento proporcionou a visualização sistêmica do negócio e o compartilhamento do conhecimento sobre a empresa. Os mapas, essenciais para a evolução da análise, foram desenvolvidos a partir do modelo BSC (Figura 5) e do modelo genérico de cadeia de valor (Figura 6). Como resultado do investimento da empresa em sua orientação estratégica, observa-se o faturamento crescente e o posicionamento reconhecido no mercado nacional. A empresa se orienta para a produção de maior valor agregado às suas ofertas, considerando seus clientes como parte da cadeia, de modo a desenvolver produtos que respondam às suas necessidades específicas.

Visualizar a empresa como parte de uma cadeia de valor permite a identificação de oportunidades e de ameaças em nível sistêmico. Assim, foi possível buscar soluções que integrem as competências das diversas empresas e atores que compõem o sistema de criação de valor, promovendo a competitividade sistêmica e as relações mutuamente benéficas.

4. Conclusão

A construção de mapas para promover e gerenciar o conhecimento estratégico é dinâmica, agregadora de conhecimentos e estimula a reavaliação dos próprios objetivos organizacionais. De modo geral, os principais resultados alcançados nas experiências foram: desenvolvimento de visão estratégica do negócio e do seu ambiente, análise crítica do posicionamento do negócio, desenvolvimento de visão sistêmica de competitividade.

Quanto às capacidades individuais estimuladas durante o processo de elaboração do mapa nas organizações, destacam-se: análise crítica, comunicação verbal e visual, compartilhamento de conhecimentos e trabalho em equipe.

Dessa forma, evidenciam-se as contribuições dos mapas para a GC nas organizações, tanto no compartilhamento de conhecimento ao longo do processo de construção coletiva dos mapas, como produto que consolida, formaliza e decodifica o conhecimento, possibilitando seu registro e tornando-o acessível a outros colaboradores.

Agradecimento

As autoras agradecem às empresas e aos profissionais que cederam, gentilmente, os dados para este trabalho.

Notas

[1] Micro e pequenas empresas de base tecnológica são empresas industriais com menos de cem empregados, ou empresas de serviço com menos de 50 empregados, que estão comprometidas com o projeto, desenvolvimento e produção de novos produtos e/ou processos. Caracterizam, ainda, pela aplicação sistemática de conhecimento técnico-científico, de acordo com a definição adotada pela *Office of Technology Assesment* e pelo Sebrae (2001).

[2] Fonte: Houaiss (2001).

[3] Um mapa pode ser entendido como "1. representação numa superfície plana em escala reduzida de um território; carta geográfica ou celeste; 2. representação gráfica de dados, geralmente numéricos; quadro sinóptico; gráfico; 3. representação gráfica da estrutura de uma organização ou de um serviço; organograma; 4. lista; relação; catálogo. Fonte: Dicionário da Língua Portuguesa da Porto Editora (2006).

[4] *Design* refere-se à área de Desenho Industrial. De acordo com a definição adotada pelo *International Council of Societies of Industrial Design* (ICSID) (2005), *design* é *"uma atividade criativa que tem como objetivo estabelecer as múltiplas qualidades dos objetos, processos, serviços e seus sistemas em todo seu ciclo de vida. Portanto, o* design *é um fator central para a humanização inovadora das tecnologias e um fator crucial para a troca econômica e cultural*".

Referências

ALLEE, V. **The future of knowledge: increasing prosperity through value networks**. Burlington: Elselvier, 2003.

DICIONÁRIO da Língua Portuguesa da Porto Editora On-line. Porto: Porto Editora, 2006.

CHOO, C. W. **A organização do conhecimento: como as organizações usam a informação para criar significado, construir conhecimento e tomar decisões**. São Paulo: Senac, 2003.

COSTA, J. Especificidad de la imaginería didáctica. Un universo desconocido de la comunicación. In: COSTA, J. MOLES, A. **Imagen didáctica**, Barcelona: Grafos, 2ª ed., 1991.

COSTA, M. D. **Procedimentos para aplicação de mapas semânticos como estratégia para criação do conhecimento organizacional**. 2003. 197 p. Tese. (Doutorado em Engenharia de Produção) – Programa de pós-graduação em Engenharia de Produção, UFSC, Florianópolis, 2003.

COSTA, M. D.; KRUCKEN, L. Aplicações do mapeamento do conhecimento para a competitividade empresarial. In: **KMBRASIL**, 2004. São Paulo, Anais eletrônicos... São Paulo, 2004.

HOUAISS, A. **Dicionário eletrônico Houiass da língua Portuguesa**. São Paulo: Objetiva, 2001.

INTERNATIONAL COUNCIL OF SOCIETIES OF INDUSTRIAL DESIGN – ICSID. Definition of Design. Disponível em: www.icsid.org/about/Definition_of_Design. Acessado em: 18/01/2005.

KAPLAN, R.; NORTON, D. P. **Mapas estratégicos – Balanced Scorecard: convertendo ativos intangíveis em resultados tangíveis**. Rio de Janeiro: Elsevier, 2004.

______. **A estratégia em ação: Balanced Scorecard**. Rio de Janeiro: Elsevier, 1997.

KAPPEL, S. B. **Estudo exploratório sobre as práticas gerenciais nas EBTs industriais de base tecnológica da região da Grande Florianópolis à luz da gestão do conhecimento**. 2003. Dissertação. (Mestrado em Engenharia de Produção) – Programa de pós-graduação em Engenharia de Produção, UFSC, Florianópolis, 2003.

KRUCKEN, L.; COSTA, M. D. Design no processo de criação de valor nas organizações: o uso estratégico de gráficos. In: **Congresso Internacional de Design da Informação**, 2, 2005, São Paulo. Anais eletrônicos... São Paulo, 2005.

KRUCKEN, L.; COSTA, M.D.; BOLZAN, A. **Gestão do conhecimento aplicada ao desenvolvimento de novos produtos**. **Revista Inteligência Empresarial**, Edição especial, pp. 48-56, 2002.

MOLES, A. **Pensar em línea o pensar em superfície**. In: COSTA, J. MOLES, A. **Imagen didáctica**. Barcelona: Grafos, 1991.

NONAKA, I.; TAKEUCHI, H. **Criação do conhecimento na empresa**. Rio de Janeiro: Campus, 1997.

NORMANN, R.; RAMIREZ, R. **Designing interactive strategy from value chain to value constellation**. Chichester: John Wiley & Sons, 1994.

PHILLIPS, R. J. **Are maps different from other kinds of graphic information?** The Cartographic Journal, v. 26, pp. 24-25, june, 1989.

PORTER, M. E. **Competitive advantage**. New York: Free Press, 1985.

PRAHALAD, C. K.; RAMASWAMY, V. **Il futuro della competizione: co-creare valore eccezionale con I clienti**. Milano: Il Sole 24 Ore, 2004.

PROBST, G.; RAUB, S.; ROMHARDT, K. **Gestão do conhecimento: os elementos construtivos do sucesso**. Porto Alegre: Bookman, 2002.

SEBRAE-SP. **MPEs de base tecnológica: conceituação, formas de financiamento e análise de casos brasileiros**. 2001.

Disponível na internet em www.empresafamiliar.com.br/Embatec.pdf. Acessado em 18.05.2005.

Marilia Damiani Costa – Doutora em Engenharia de Produção, área de Concentração em Inteligência Organizacional. Mestre em Administração e bacharel em Biblioteconomia pela Universidade Federal de Santa Catarina. Atua como docente no curso de graduação em Biblioteconomia e no Programa de Pós-graduação em Ciência da Informação da Universidade Federal de Santa Catarina. Desde 1977, atua em gestão da informação em empresas e organizações públicas. Desde 1999, participa de projetos com indústrias e empresas incubadas no Brasil e desenvolve pesquisas sobre gestão do conhecimento, com ênfase no mapeamento de conhecimentos. E-mail: marilia@cin.ufsc.br

Lia Krucken – Doutora em Engenharia de Produção pela Universidade Federal de Santa Catarina, com estágio de doutorado no Departamento de *Design* Industrial, Comunicação e Moda do Politécnico di Milano. Mestre em Engenharia de Produção e Engenheira de Alimentos pela Universidade Federal de Santa Catarina. Atualmente, atua na Escola de *Design* da Universidade do Estado de Minas Gerais e desenvolve atividades no Centro de Estudos Design and Innovation for Sustainability do Politecnico di Milano. Desde 1999, participa de projetos com indústrias, grupos de produtores e empresas incubadas no Brasil e no exterior. Tem experiência interdisciplinar, com ênfase na área de Desenho Industrial, atuando, principalmente, nos seguintes temas: valorização de identidades e produtos locais, *design* e comunicação nas organizações, análise e desenvolvimento de cadeias de valor, gestão do conhecimento no desenvolvimento de produtos. E-mail: lia.krucken@gmail.com

Parte 2

Processos de Gestão do Conhecimento

2

Aplicação Nacional do Processo de Criação do Conhecimento Japonês – Caso Denso do Brasil

Nilton S. Outi
Faimara R. Strauhs

1. Das transposições exitosas – algumas considerações introdutórias

É notória a penetração das empresas japonesas no cenário dos negócios internacionais, sobretudo a partir dos anos 1980. Esse fato não se restringe, exclusivamente, à sua capacidade de manufatura. A chave para tal sucesso deve-se, efetivamente, à sua capacidade, e especialização, na criação do conhecimento organizacional, entendida aqui como a capacidade de uma empresa em criar conhecimento novo, difundi-lo na organização e incorporá-lo a seus produtos e serviços.

A criação do conhecimento organizacional é, efetivamente, o elemento principal para as formas características com que as empresas japonesas inovam. O conhecimento é um importante fomento para a inovação contínua, que, por sua vez, é vital para que tais organizações possuam vantagens competitivas.

A instalação de plantas em outros países, objetivando expansão de mercados, é uma estratégia competitiva que esbarra na cultura local quando se tenta transpor ações, procedimentos e normas como gerenciamento organizacional, sem considerar o ambiente organizacional nativo.

Identificar a existência de condições capacitadoras de criação de conhecimento, que evidenciem a transposição exitosa do modelo de gestão empregado na matriz de uma empresa à sua subsidiária local, é o escopo do caso do Departamento de Engenharia de Produção da empresa Denso do Brasil Ltda.

2. Referencial teórico

2.1 Conhecimento organizacional – criação e desdobramentos

Para a tradição intelectual japonesa, conhecimento significa sabedoria adquirida a partir da perspectiva da personalidade como um todo. Isso quer dizer uma valorização da experiência pessoal e física em relação à abstração indireta e intelectual, como apontam Nonaka e Takeuchi (1997), indicando uma valorização do conhecimento tácito.

De outra parte, a epistemologia ocidental tende a atribuir os mais altos valores às teorias e às hipóteses abstratas, que contribuíram para o desenvolvimento da ciência. O contexto dessa tendência é a longa tradição de valorização do conhecimento preciso e conceitual e das ciências sistemáticas, que apontam para o conhecimento explícito.

O conhecimento organizacional refere-se tanto ao conhecimento tácito quanto ao conhecimento explícito. O conhecimento tácito está relacionado com as experiências individuais e coletivas que caracterizam a habilidade em agir conforme as circunstâncias e, dessa forma, progredir. Esse conhecimento pode ser composto por elementos tangíveis, como dados, procedimentos, desenhos, modelos, algoritmos e documentos, criados a partir da experiência individual e coletiva citada, e elementos intangíveis, como experiências individuais, conhecimento intrínseco, aptidões profissionais, ações individuais e coletivas não escritas, conhecimento sobre o histórico da organização e contextos decisórios.

O conhecimento explícito é o *know-how* específico que caracteriza a habilidade para projetar, fabricar, vender e dar assistência a produtos e serviços materializados, por exemplo, em documentos como o *Failu-*

re Mode and Effects Analysis (FMEA) – Análise de Modos e Efeitos de Falhas.

O conhecimento tácito, isoladamente, constitui uma forma limitada de criação do conhecimento. A não ser que se torne explícito, o conhecimento compartilhado não pode ser facilmente multiplicado pela organização. Para que ocorra esse compartilhamento, é necessária sua socialização. Além disso, a mera combinação de diferentes informações explícitas em um todo novo não amplia a base de conhecimento existente na empresa. Para tanto, é necessária a efetiva interação entre os conhecimentos explícito – externo/externalização – e tácito – interno/internalização, fomentos para a inovação.

A criação do conhecimento organizacional é uma interação contínua e dinâmica entre o conhecimento tácito e o conhecimento explícito, ancorada no pressuposto de que o conhecimento humano é criado e expandido pela interação social entre o conhecimento tácito e o conhecimento explícito.

Essa interação é moldada pelas mudanças entre diferentes fases e modos de conversão do conhecimento. Tais fases compreendem: (a) o compartilhamento do conhecimento tácito; (b) a criação de conceitos; (c) a justificação de conceitos; (d) a construção de arquétipos; (e) a divulgação do conhecimento, constituindo o já tradicional modelo das cinco fases de Nonaka e Takeuchi (1997).

De outra parte, a organização deve fornecer, ainda, o contexto apropriado para facilitar as atividades em grupo e para a criação e o acúmulo de conhecimento em nível individual. Às cinco fases do processo de criação de conhecimento, propostas por Nonaka e Takeuchi (1997), somam-se outros elementos: os capacitadores do conhecimento, de Krogh, Ichijo e Nonaka (2001), que são processos necessários para que seus potenciais sejam ampliados.

Para Krogh, Ichijo e Nonaka (2001, p. 15), admitir o valor do conhecimento tácito ou descobrir como utilizá-lo é o principal desafio da empresa criadora de conhecimento, exigindo amplas conversas e bons relacionamentos pessoais que seriam um dos capacitadores do conhecimento organizacional. Além desses, instilar a visão do conhecimento, mobilizar os ativistas do conhecimento, criar o contexto adequado e globalizar o conhecimento local são importantes capacitadores, ou processos, de criação do conhecimento organizacional.

O Quadro 1 ilustra uma matriz com as correlações entre as condições capacitadoras do conhecimento com as atividades normais de uma organização, como, por exemplo, um processo padronizado para atendimento de falhas.

Quadro 1 – Condições capacitadoras do conhecimento organizacional x atividades para atendimento a uma ocorrência de falha

Atividades para atendimento a uma ocorrência de falha no cliente	
Condições capacitadoras do conhecimento	Evidência no processo
Instalar a visão do conhecimento	• Visão estratégica da empresa • Programa de metas individuais e de equipes
Gerenciar as conversas	**Reunião** O contexto do assunto estimula os participantes a expor suas ideias, seus palpites e suas experiências relacionados com o tema
Mobilizar os ativistas do conhecimento	**Chairperson (engenharia da qualidade)** "Por que?", "como?", "de que forma?", "onde?", "quem?", "quando?"
Criar o contexto adequado	**Reunião (microcomunidade)** Promovendo as iniciativas necessárias à liberação do conhecimento tácito
Globalizar o conhecimento local	• Revisão de documentos (FMEA, método e controle de processos) • Treinamento • Auditoria de cliente

Fonte: Outi; Strauhs (2004).

No Quadro 2 exemplifica-se a interação entre as fases do processo de criação do conhecimento e seus modos de conversão na mesma atividade organizacional.

Quadro 2 – Fases da criação do conhecimento organizacional x atividades para atendimento a uma ocorrência de falha no cliente.

Atividades para atendimento a uma ocorrência de falha no cliente		
Fases do processo de criação do conhecimento	Atividade correspondente do processo	
Compartilhamento do conhecimento tácito	**Brainstorming** Todos os participantes da reunião debatem a ocorrência da falha com o objetivo de detectar sua causa raiz	Socialização
Criação de conceitos	**Apontamentos** O debate culmina no apontamento de situações que favoreceriam a ocorrência da falha e ações que poderiam eliminá-la	Externalização
Justificação de conceitos	**Consenso multilateral** Estabelece-se um consenso sobre a concreta conexão entre a falha e sua respectiva causa. Ações são definidas	
Construção de arquétipo	**Plano de ações** Execução de alterações em fluxo de processos Alterações em equipamentos, dispositivos, *layout*	Combinação
Difusão interativa do conhecimento	**Registro de documentos, treinamento e auditoria** As alterações anteriores demandam revisão em documentos e treinamento operacional. Cliente pode exigir auditoria de processo	Internalização

Fonte: Outi; Strauhs (2004).

2.2 O contexto capacitante adequado

Para Krogh, Ichijo e Nonaka (2001), a criação do conhecimento está relacionada com a criação de um espaço compartilhado, denominado contexto capacitante, ou *ba*, palavra de origem japonesa, que tem a tradução aproximada de **local onde acontece um fato**.

Assim, *ba* pode ser interpretado como o espaço, ou o contexto, compartilhado para novos relacionamentos, servindo como uma fundação para a criação do conhecimento (Nonaka; Konno, 1998). Esse contexto pode ser físico, como um escritório ou uma reunião; virtual, como o e-mail, a teleconferência; mental, como as experiências compartilhadas, ideias ou ideais; ou qualquer combinação desses três elementos.

O que diferencia *ba* das interações humanas comuns é o conceito da criação do conhecimento. *Ba* fornece uma sustentação para o conhecimento individual e/ou coletivo. O conhecimento faz parte do *ba*, ou seja, do contexto compartilhado; neste, o conhecimento é adquirido pelas experiências ou pelas reflexões individuais da experiência, inclusive de outros.

Prahalad e Ramaswamy (2004) identificam algumas premissas para a construção de um ambiente de conhecimento, ou *ba*:

- as descontinuidades competitivas valorizam a criação de novos conhecimentos;
- a globalização aumenta a importância do acesso a competências por toda a organização; por sua vez, a redundância de esforços em várias localidades eleva custos;
- a criação de conhecimento exige que os indivíduos tenham acesso a competências, em vez de apenas a banco de dados. O ambiente de conhecimento relaciona-se muito mais com pessoas do que com tecnologia;
- os capacitadores técnicos e sociais, para a criação de conhecimento, devem considerar a heterogeneidade de gerentes e colaboradores no processo de criação de conhecimento;
- o ambiente de conhecimento deve fazer parte da cultura da organização. Da mesma forma como o conhecimento associa-se com o indivíduo, o ambiente de conhecimento deve associar-se com a organização.

Ao ampliar seu escopo de atuação com atividades constantes de fusões e aquisições de outras empresas, que resultam na convivência de várias subculturas dentro de uma mesma corporação, as empresas-matriz deveriam preocupar-se em criar um contexto capacitante que privilegie as culturas locais e seus processos de criação do conhecimento. As empresas adquiridas tendem a proteger suas respectivas culturas e resistem ao compartilhamento de informações para além de suas fronteiras.

A não ser que se faça um esforço claro e coordenado para criar uma cultura compartilhada, as tentativas de construir um ambiente de conhecimento inteiriço – *ba* – provavelmente serão frustradas, prejudicando tentativas de implantação de outras ações gerenciais almejadas.

O contexto capacitante pode ser formado, por exemplo, nas reuniões formais de microcomunidades técnicas, quando da criação de novos pro-

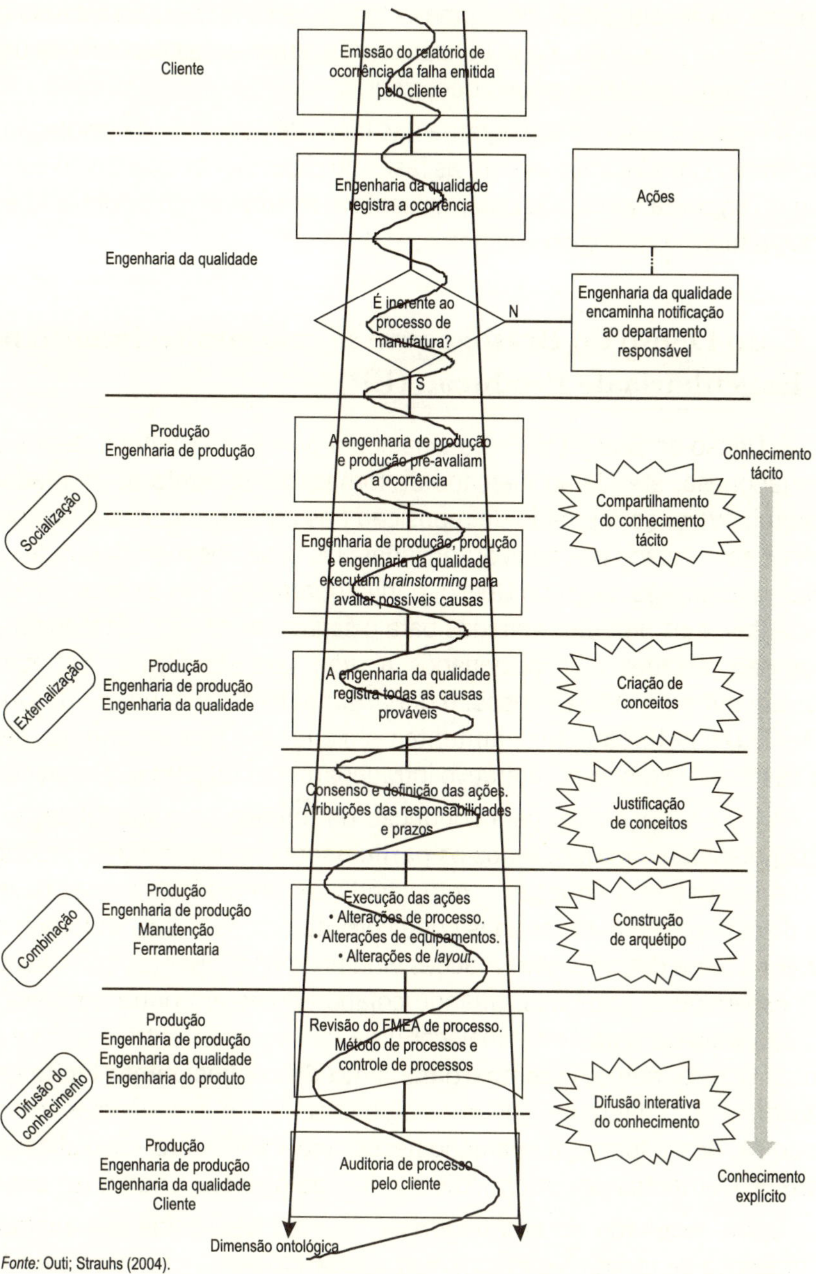

Fonte: Outi; Strauhs (2004).

Figura 1. Processo de criação do conhecimento organizacional em microcomunidades técnicas.

dutos ou da resolução de problemas efetivos ocorridos no transcurso das atividades de produção. Pode utilizar-se das ferramentas normais da organização, como o FMEA e seus decorrentes.

A Figura 1 ilustra o fluxograma das fases de atividade de resolução de problemas. Correlaciona-as com as fases do processo de criação do conhecimento organizacional, nas quais se verifica, a forma como o conhecimento abrange níveis ontológicos distintos.

3. Caso Denso do Brasil: como se cria conhecimento na Engenharia de Produção (EP)

A Denso do Brasil Ltda., transnacional do setor de autopeças, de origem japonesa, atende ao mercado de fornecimento direto às montadoras de automóveis, ao mercado de reposição das concessionárias das montadoras e ao mercado das suas autorizadas. Os produtos manufaturados por todas as empresas do grupo Denso, obrigatoriamente, são tecnicamente semelhantes, e os produtos voltados para o segmento de climatização de veículos são testados e inspecionados a uma taxa de 100%. Entretanto, ocorrem falhas e, nesses casos, o departamento de Engenharia da Qualidade (EQ) é notificado formalmente pelo cliente e, internamente, deflagra-se intensivo processo interativo intradepartamental para sua supressão.

A EQ é responsável pela condução da reunião para identificação da falha potencial; contudo, **todos os participantes** do processo de produção do item debatem a situação, promovendo-se um *brainstorming*, no qual são discutidas as mais variadas condições de processo que poderiam culminar na falha descrita. Informações vindas de participantes que vivenciaram experiências similares, quando colaboradores em outra empresa, p. ex., são valiosas para se estabelecer uma real conexão entre a falha e sua causa. Ocorre, então, o **compartilhamento do conhecimento tácito** entre indivíduos com diferentes históricos, perspectivas e experiências, promovendo-se, dessa forma, a interação necessária e suficiente – socialização – entre os elementos por intermédio do diálogo pessoal, criando-se um *ba*.

Como resultado do *brainstorming*, tópicos das ideias são anotados, na presença de todos os participantes, passando por um processo de filtragem, no qual apenas as causas de maior consistência são selecionadas, discutidas e analisadas com riqueza de detalhes, chegando-se a um consenso multilateral entre a falha e sua respectiva causa – **criação de conceitos**. Estabelecem-se, então, ações, responsabilidades e prazos. De forma geral, as ações ficam sob a responsabilidade da Engenharia de Produção, uma vez que podem requerer alterações em fluxo de processos, em equipamentos, em dispositivos ou em *layout* da linha produtiva. O resultado dessas ações é tangível e concreto, sendo uma combinação do conhecimento explícito recém-criado, proveniente das ações implementadas, resultando em **arquétipos** – produtos ou processos novos, ou alterados. Como os conceitos justificados anteriormente, que são explícitos, resultam na implementação das ações consensadas, também explícitas, essa fase corresponde à **combinação de conhecimentos**.

O cliente pode, então, requerer uma auditoria na empresa e, durante essa auditoria, todas as etapas do processo lhe são mostradas: desde a concepção do FMEA de processo até as inspeções no produto executadas pelos operadores. Esse processo interativo, e em espiral, corresponde à quinta fase **difusão interativa do conhecimento**, ocorrendo, intra e interorganizações.

4. Arremates no processo – algumas considerações finais

Ao notificar todos os departamentos correlacionados a um processo de falha, o *chairperson* – condutor – da reunião, colaborador da Engenharia da Qualidade, cria, formalmente, condições para estabelecer um *ba*. É ele quem estimula os demais participantes a iniciar o debate sobre o assunto por intermédio de questões envolvendo "o por que?", "o como?", "o de que forma?", "o onde?", "o quem?", "o quando?". Essas questões ajudam o ativista a promover o *ba* adequado, permitindo, dessa forma, liberar o conhecimento tácito de cada um dos participantes da reunião, ou seja, **mobilizar outros ativistas do conhecimento**. A reunião – microcomunidade –, por si só, estabelece-se como o **contexto adequado**, para fomentar relacionamentos sólidos e colaboração eficaz, promovendo as iniciativas necessárias à liberação do conhecimento tácito organizacional.

As ações estabelecidas na reunião para evitar a reincidência da falha geram um relatório de atividades que somente é concluído após a execução das respectivas atividades e do laudo favorável da Engenharia da Qualidade. Quando esse relatório é concluído, as atividades de revisão de FMEA de processo, dos métodos de processos e dos controles de processo já foram revisados e seus respectivos conteúdos, transmitidos aos colaboradores da linha produtiva, **globalizando o conhecimento**, até então, restrito ao contexto e aos participantes da reunião – microcomunidade.

Percebe-se que as cinco fases do processo de criação do conhecimento possuem características fortemente relacionadas com as **ações**, sendo facilmente reconhecidas por intermédio de observações das rotinas de trabalhos, não somente relativas a um departamento, mas também aos processos que envolvem atividades interdepartamentais. Tais atividades podem ser inerentes aos contatos face a face, como o compartilhamento de conhecimento tácito, ou aos contatos indiretos, como a difusão de informações por intermédio de emissão de relatórios gerenciais e, certamente, independem da nacionalidade e da cultura que criou o conceito.

Notas

[1] Neste capítulo, os termos "ativos baseados em conhecimento", "recursos intangíveis", "recursos intelectuais", "capital intelectual", "ativos intangíveis", "ativos estratégicos", "competências centrais", "capital social" (Guthrie, Petty, 2000a; Lev, 2001; Kaufmann, Schneider, 2004; Teixeira, Zaccarelli, 2007) são usados intercambiavelmente para remeter ao conjunto de elementos de uma organização que a ela agregam valor, por meio da construção e da gestão do conhecimento gerado a partir de seu tratamento. Para fins metodológicos, elegem-se os recursos intangíveis (RI) para representar tais elementos.

[2] Por natureza dinâmica entende-se a associação dos intangíveis a uma visão mais orgânica, na qual tais recursos intangíveis são vistos como interconectados nos processos organizacionais; essa visão está em oposição a uma visão mais estática dos recursos intangíveis, tal como aquela implícita nas patentes.

Referências

KROGH, G.; ICHIJO, K.; NONAKA, I. **Facilitando a criação de conhecimento: reinventando a empresa com o poder da inovação contínua**. Rio de Janeiro: Editora Campus, 2001.

NONAKA, I.; TAKEUCHI, H. **Criação de conhecimento na empresa: como as empresas japonesas geram a dinâmica da inovação**. 11ª ed. Rio de Janeiro: Editora Campus, 1997.

NONAKA, I.; KONNO, N. The concept of "Ba": building a foundation for knowledge creation. **California Management Review**, v. 40, n. 3, pp. 40-41, 1998.

OUTI, N. S.; STRAUHS, do R. C. *Visão Nacional do Processo de Criação do Conhecimento Japonês* – Estudo de Caso Aircon do Brasil. In: **KM BRASIL 2004** Gestão do Conhecimento na política industrial brasileira, 3, 2004, São Paulo, Anais Eletrônicos. São Paulo: Sociedade Brasileira de Gestão do Conhecimento, 2004.

PRAHALAD, C. K.; RAMASWAMY, V. **O futuro da competição: como desenvolver diferenciais inovadores em parceria com os clientes**. Rio de Janeiro: Editora Campus, 2004.

Nilton S. Outi – Formado em Engenharia Mecânica pela Universidade Estadual Paulista (Unesp), campus de Guaratinguetá, em 1992, com especialização em Gestão Estratégica da Produção, pela Universidade Tecnológica do Paraná (UTF-PR), em 2004. Atua, desde 1995, na área de processos de empresa do setor de autopeças e é responsável pelo projeto, desenvolvimento e implementação de linhas produtivas, com forte referência no Sistema Toyota de Produção, incluindo a busca pelas perdas "não-visíveis", de forma a melhorar o desempenho da produtividade nas linhas atuais e, dessa forma, obter redução de custos. E-mail: sadao.outi@denso-diom.com

Faimara R. Strauhs – Concluiu o doutorado em Engenharia de Produção pela Universidade Federal de Santa Catarina em 2003. É professora classe especial da Universidade Tecnológica Federal do Paraná, antigo Centro Federal de Educação Tecnológica do Paraná, onde atua desde 1980, de forma ininterrupta. Foi coordenadora do Programa Disque Cefet, de difusão de informação tecnológica e é gerente administrativa do Laboratório de Inovação e Tecnologia em Sistemas Embarcados (LIT). Pesquisadora, atua na área de Gestão do Conhecimento, com ênfase em métodos e ferramentas de Mapeamento de Competências, compartilhamento do conhecimento e *ba* organizacional. E-mail: faimara@lit.citec.cefetpr.br; faimara@cefetpr.edu.br

3

Caso Construtora Norberto Odebrecht: Redes de Compartilhamento de Conhecimento em Negócios Internacionais

Moacir de Miranda Oliveira Junior
Homero Jorge Mazzola

1. Introdução

Os momentos de globalização, de concorrência acirrada e de mudanças constantes que ocorrem principalmente pela internacionalização da economia têm levado muitas organizações a adotar novos estilos de gestão. Nos últimos anos, as mudanças que contribuíram para o desenvolvimento organizacional enfatizaram a importância do elemento humano na empresa.

As necessidades das organizações de hoje são diferentes daquelas de um passado relativamente recente, e um novo "recurso" passa a ser valorizado pelas organizações: o conhecimento. Stewart (1998) observa sua importância destacando-o como o principal ingrediente do que se produz, faz, compra e vende. Assim, a aquisição, a criação, o compartilhamento, o armazenamento, a utilização e a mensuração do conhecimento vêm sendo cada vez mais difundidos e aplicados nas organizações.

De acordo com o pensamento de Stewart (1998), o compartilhamento do conhecimento revela-se um dos fatores que envolvem a Gestão do Conhecimento, e sua prática torna-se imprescindível, uma vez que de nada adianta dispor de conhecimentos importantes se não se promove o seu compartilhamento. Como afirmam Davenport e Prusak (1998), a organização só se beneficia como um todo quando o conhecimento é difundido, transferido, compartilhado e alavancado, ou seja, quando existem efetivos fluxos de conhecimento.

O estímulo e a adoção de práticas de compartilhamento do conhecimento fazem sentido, pois trazem vantagens competitivas para toda a organização (Oliveira Jr., Fleury e Child, 2001). Na prática, exige uma mudança de valores pessoais e organizacionais, que esbarra, muitas vezes, em uma questão cultural. Para Kanter (2000), as organizações que obtêm sucesso no compartilhamento do conhecimento são as que contemplam, além de uma infraestrutura tecnológica, uma cultura uniforme e dirigida ao compartilhamento.

Para fazer frente aos desafios da internacionalização, a Construtora Norberto Odebrecht adotou estratégias de compartilhamento de conhecimentos gerados nas diversas unidades localizadas em diferentes países.

2. Compartilhamento do conhecimento em corporações multinacionais

Quando se fala em Gestão do Conhecimento, faz-se importante destacar os dois clássicos tipos de conhecimento: o explícito e o tácito.

A capacidade de distinguir esses conhecimentos e de administrá-los, segundo Vargas (2000), é um dos fatores que conduzem a organização ao sucesso no gerenciamento do conhecimento.

Outro conceito importante na área do conhecimento, apresentado por Nonaka e Takeuchi (1997), refere-se aos modos de conversão do conhecimento tácito em explícito, e assim sucessivamente. Os autores consideram quatro modos de conversão do conhecimento: a socialização (de tácito para tácito), a externalização (de tácito para explícito), a combinação (de explícito para explícito) e a internalização (de explícito para tácito).

Por meio dos modos de conversão do conhecimento, identificam-se os modos de compartilhamento do conhecimento tácito e explícito. Na socialização, ocorre um processo de troca de experiências, pois o indivíduo compartilha seu conhecimento tácito diretamente com outro (pela linguagem, observação, imitação e prática). Na externalização, o indivíduo compartilha seu conhecimento tácito com vários outros, só que de forma não-direta. Na combinação, um conhecimento já explícito é compartilhado também de forma explícita. Na internalização, o conhecimento explícito é compartilhado de forma direta, sendo que o receptor o transforma em conhecimento tácito.

A explicitação do conhecimento tácito é defendida por alguns autores, como Nonaka e Takeuchi (1997), Stewart (1998), Davenport e Prusak (1998). Eles enfatizam a importância de que o conhecimento tácito seja identificado e explicitado a fim de permitir sua formalização e consultas futuras. No entanto, muitos conhecimentos tácitos são impossíveis de serem explicitados em uma forma que possam ser armazenados.

Como assevera Thurow (2000): "[...] as porções de conhecimento individual, sem dúvida, são tão pequenas que não têm valor por si sós. É preciso somar todas elas para que sejam valiosas."

Segundo Sveiby (1998), as organizações podem adotar a estratégia do compartilhamento do conhecimento por meio da informação e da tradição.

As organizações podem adotar diferentes formas de compartilhamento do conhecimento.

Autores e pesquisas, como as de Sveiby (1998), de Hansen, Nohria, Tierney (1999), da Teltech (1997), apresentam as seguintes formas de compartilhamento do conhecimento:

- por meio da informação e da tradição, segundo Sveiby (1998);
- Hansen, Nohria e Tierney (1999) destacam a estratégia, que denominam codificação, como a mais utilizada pelas organizações;
- de acordo com a Teltech (1997), as organizações utilizam, basicamente, duas estratégias: a estratégia do armazenamento e a estratégia da indicação.

A pesquisa da Teltech (1997) revela que a tendência de uma organização por determinada estratégia reflete muito a área do profissional responsável pelas iniciativas em Gestão do Conhecimento. Iniciativas dirigidas por profissionais de tecnologia de informação (indivíduos inclinados a valorizar e a focar em soluções de sistemas) tendem a favorecer a estratégia do armazenamento, ao passo que esforços dirigidos por profissionais de P&D (indivíduos que valorizam e enfocam o entendimento técnico e a experiência) tendem a adotar a estratégia da indicação.

Dentre as estratégias que podem ser adotadas para o compartilhamento do conhecimento, podemos citar as "melhores práticas" (*best practices*), que são processos internos às empresas que possuem alta performance. Práticas referem-se às rotinas do conhecimento que, na maioria das vezes, possuem componentes tácitos, embutidos parte em habilidades individuais e parte em habilidades de grupos de trabalho. A palavra compartilhar é utilizada no sentido de "difundir o conhecimento". Para isso, as organizações precisam estar em perfeita sintonia. Compartilhar não é um processo gradual de disseminação, e seu sucesso depende muito das características de todos os envolvidos. Por esse motivo, a capacidade de absorção do receptor deve estar largamente alinhada à do transmissor, para que não ocorram problemas no momento da transferência (Oliveira Jr., Fleury e Child, 2001).

Compartilhamento de "melhores práticas" é assim vista como uma troca de conhecimento organizacional em mão dupla, entre as unidades do transmissor e do receptor, na qual é identificado o assunto a ser discutido pelo receptor. A troca de conhecimento organizacional consiste na replicação da rede de relacionamentos conectada a recursos específicos. Em essência, o compartilhamento de "melhores práticas" pode ser conceituado como a replicação das rotinas organizacionais que obtiveram ótimos resultados, para um receptor que possua uma capacidade adequada de absorver o conhecimento de forma a proporcionar o sucesso do processo de transferência.

O nível de dificuldade para compartilhar um conhecimento é proveniente do grau de aderência (complexidade do conhecimento compartilhado) do conhecimento ao portador, seja ele um indivíduo, um grupo de indivíduo, ou mesmo uma empresa. O conhecimento organizacional que passou por um longo processo de aprendizagem ou orientação tende a ter alta aderência, pois trata-se de um conhecimento tácito embutido na cultura organizacional.

Como resultado de uma investigação empírica, os autores do presente capítulo destacam quatro fatores que influenciam o processo de compartilhamento do conhecimento:

- características do conhecimento compartilhado:
  - ✓ ambiguidade causal – é o resultado da incompreensão do novo contexto no qual o conhecimento está sendo aplicado. São as dificuldades em replicar esse conhecimento para um novo contexto;
  - ✓ falta de provas – conhecimento com provas gravadas de processos usuais ajudam no compartilhamento. Sem essas provas, torna-se mais difícil induzir potenciais receptores para empenhar-se na transferência.
- características do transmissor do conhecimento:
  - ✓ falta de motivação – o transmissor do conhecimento torna-se relutante para compartilhar o conhecimento devido ao status, à posição e à superioridade que é proveniente desse conhecimento;
  - ✓ necessidade de confiança – um transmissor de confiança no qual o receptor sente-se seguro e pode confiar.
- característica do receptor do conhecimento:
  - ✓ falta de motivação – a relutância do receptor em aceitar o conhecimento vindo de fora, rejeição por usar algo que não foi criado e desenvolvido internamente, na unidade de negócio;
  - ✓ falta de capacidade de absorção – o receptor está impossibilitado de absorver o conhecimento do transmissor por falta de capacidade em absorver esse novo conhecimento, que é muito baixo para assimilar e aplicar esse novo conhecimento;
  - ✓ falta de capacidade de reter o conhecimento – a habilidade do receptor em institucionalizar a utilização desse novo conhecimento reflete na capacidade de retenção: na ausência dessa habilidade, haverá dificuldades durante a integração do conhecimento recebido, podendo ser até descontinuado o uso, e, possivelmente, volta ao seu estado anterior.

- características contextuais:
  - ✓ árduo relacionamento – a transferência do conhecimento, especialmente quando se trata de um conhecimento tácito, requer a troca de conhecimento entre as partes. O sucesso dessa troca depende da facilidade de comunicação e da intimidade de relacionamento entre a unidade transmissora e a unidade receptora.

Além dos quatro fatores anteriormente apresentados, existem quatro condutores do compartilhamento de "melhores práticas" para dentro da organização:

- cultura;
- tecnologia;
- infraestrutura;
- mensuração.

O compartilhamento interno de conhecimento consiste em descobrir o que se sabe e utilizá-lo para a melhoria de desempenho nas organizações. Embora as organizações adotem diferentes abordagens na coleta e no compartilhamento de conhecimento, todos eles perseguem uma estratégia singular com grande vigor: o compartilhamento interno de "melhores práticas".

O fluxo de conhecimento pode ser fortemente incrementado se a abordagem de rede for aplicada para a administração de empresas, principalmente para as empresas que possuem uma atuação global. A facilidade de uma organização multinacional para investir e gerenciar seus negócios em países diferentes tem ajudado a assegurar os benefícios da inovação, pois possui acesso a inúmeras localidades por meio de sua estrutura interna de rede. A base desse acesso facilitado à inovação decorre da apropriação e do fluxo de conhecimento, por meio de redes corporativas. A MNC (*multinational corporation*) corresponde a uma forma organizacional que internaliza o fluxo de conhecimento, que, não fosse feito dessa maneira, teria de ocorrer por meio de transações de mercados entre as diversas subsidiárias. A criação de valor nas MNCs é feita quase que exclusivamente por meio da internalização do fluxo de conhecimento.

3. Redes de Compartilhamento de Conhecimento em Negócios Internacionais – o caso da Construtora Norberto Odebrecht

A Construtora Norberto Odebrecht é a maior construtora brasileira, segundo o *ranking* das 500 maiores empresas da revista Exame de 2004, tendo alcançado um volume de vendas, em 2003, de US$ 922,2 milhões. Ocupou, no mesmo ano, a 75ª posição no *ranking* nacional das maiores empresas, empregando mais de 20 mil pessoas em todas as unidades que possui no Brasil e no exterior. Figurava, em 2002, segundo o *ranking* da revista americana *Engineering News Record*, em 29º lugar entre as maiores construtoras internacionais, considerando-se apenas os contratos no exterior, e 78º lugar, considerando os contratos totais. Além disso, manteve-se em quatro dos últimos cinco anos como a maior construtora internacional de obras hidroelétricas.

Após sua criação e depois de atuar mais de 30 anos no mercado brasileiro, a Odebrecht iniciou operações na área internacional, com a construção da hidroelétrica de Charcani V no Peru, em 1979, vindo a atuar progressivamente em outros países latinos. Em 1984, instalou-se em Angola, na África; em 1988, na Europa e, finalmente, em 1991, nos Estados Unidos – onde foi responsável por obras como a ampliação do aeroporto de Miami e a construção do Centro de Artes de Miami. Atualmente, desenvolve projetos em 15 países além do Brasil: Angola, Argentina, Bolívia, Chile, Colômbia, Djibuti, Equador, Emirados Árabes Unidos, Estados Unidos, México, Peru, Portugal, República Dominicana, Uruguai e Venezuela, atuando em projetos de construção de hidroelétricas, sistemas de saneamento, abastecimento de água, linhas de transmissão, aeroportos, metrôs, pontes e estradas, entre outros.

Um dos maiores legados de Norberto à construtora é a Tecnologia Empresarial Odebrecht (TEO), que incentiva o empreendedorismo interno, ou intra-empreendedorismo. O modelo de gestão preconizado pela Odebrecht delega poder de decisão aos chamados empresários-parceiros, que são colaboradores funcionais com características de empreendedores, responsáveis pela prospecção e pela consolidação de negócios globais, disseminando informações e conhecimento à rede, antecipando-se às demandas do ambiente competitivo. A empresa espera deles ações e comportamentos como verdadeiros sócios da organização, e não como simples colaboradores em uma estrutura hierárquica.

A empresa criou alguns fóruns para o compartilhamento do conhecimento gerado na rede. O Prêmio Destaque é uma iniciativa anual que contempla os melhores projetos desenvolvidos pelos vários grupos de projeto da empresa, seja por meio da reutilização de conhecimento existente, seja na geração de novo conhecimento, em diferentes modalidades como: Produtividade, Responsabilidade Social e Jovem Parceiro, este último, direcionado aos novos integrantes da Organização Odebrecht. As Comunidades do Conhecimento são ambientes virtuais de compartilhamento de conhecimento, por meio de redes computadorizadas. Inicialmente, havia maior informalidade no compartilhamento do conhecimento, que atendia, então, às necessidades da empresa. Entretanto, a internacionalização progressiva e a intensa competitividade nesse mercado exigiram uma administração mais estruturada e eficaz do conhecimento, o que vem ocorrendo na última década, a despeito de mais de 25 anos de experiência internacional da organização.

Conceitos como gestão do conhecimento, compartilhamento e codificação do conhecimento existente, criação de novo conhecimento e inovação fazem parte das estratégias de crescimento internacional da empresa que, entretanto, não podem ser dissociados da figura do empresário-parceiro. Colaborador regular, porém com vasta experiência dos negócios da empresa, representa uma mescla de negociador, empreendedor, estrategista, planejador de marketing e analista financeiro, que, por meio da TEO é preparado e estimulado para obter resultados nos distintos ambientes geográficos, culturais, econômicos e políticos onde a empresa decidir atuar.

Dentro da rede mundial do grupo Odebrecht, o conhecimento é articulado corporativamente pelo Departamento de Conhecimento e Informação para Apoiar o Desenvolvimento de Negócios (Ciaden) a partir do conhecimento gerado nos vários projetos internacionais desenvolvidos, que os redireciona às unidades interessadas. Esse compartilhamento se processa por meio da comunicação direta entre os participantes que procedem de distintos lugares, possibilitando uma rica troca de experiências, assim como por meio documental.

As Comunidades de Conhecimento, um dos fóruns de compartilhamento organizacional, são estruturadas em plataformas de intranet.

Procuram preservar conhecimentos provenientes dos diversos projetos desenvolvidos ou em desenvolvimento na empresa, independentemente se são gerados pelos operários da frente de serviço, ou pelos *experts* profissionais; assim, preservam conhecimentos valiosos que propiciam à empresa competências e vantagens. Para a Odebrecht, o compartilhamento do conhecimento segue a lógica da participação colaborativa, independentemente de posições hierárquicas. Esse compartilhamento iniciou-se de maneira informal por meio do contato entre expatriados, evoluindo para formas mais organizadas. A cultura organizacional da empresa, codificada por meio da TEO, incentiva a predisposição para a participação de experiências, conhecimentos e *insights* do indivíduo para a coletividade e vice-versa, dentro do princípio de Sobreviver, Crescer e Perpetuar, que conduz à criação de riquezas cada vez maiores e melhores.

4. Considerações finais

A Gestão do Conhecimento cada vez mais vem fazendo parte dos modelos de gestão das organizações. Dentre as práticas adotadas, destacam-se as referentes ao compartilhamento do conhecimento, apoiadas na expressão "de nada adianta a organização adquirir ou gerar conhecimentos se eles não forem compartilhados e utilizados no processo gerencial".

Na busca de sua permanência e competitividade no mercado mundial, a Construtora Norberto Odebrecht, apoiada na TEO, tem como um dos seus pilares de gestão, a gestão do conhecimento e, como explicitado no presente caso, seu compartilhamento.

Para o efetivo compartilhamento do conhecimento, por um lado, a construtora valoriza seus colaboradores incentivando o empreendedorismo interno, delegando poder de decisão, disseminando informações e conhecimentos à rede. Por outro lado, espera o comprometimento de seus integrantes como verdadeiros sócios da organização.

Referências

DAVENPORT, T., PRUSAK, L. **Conhecimento empresarial: como as organizações gerenciam o seu capital intelectual**. Rio de Janeiro: Campus, 1998.

HANSEN, M., NOHRIA, N., TIERNEY, T. **What's your strategy for managing knowledge?** Harvard Business Review. Harvard, p.106-116, mar./abr., 1999.

KANTER, R. M. **O futuro depende dos relacionamentos**. HSM Management. Barueri, ano 4, n. 20, p.112-118, mai./jun., 2000.

NONAKA, I., TAKEUCHI, H. **Criação de conhecimento na empresa: como as empresas geram a dinâmica da organização**. Rio de Janeiro: Campus, 1997.

POLANYI, M. **The tacit dimension. Londres:** Routledge & Kegan Paul, 1967.

OLIVEIRA Jr., M., FLEURY, M. T., CHILD, J. **Compartilhando conhecimento em negócios internacionais**. In FLEURY, M. T. e OLIVEIRA Jr., M. **Gestão estratégica do conhecimento**. São Paulo: Ed. Atlas, 2001.

STEWART, T. A. **Capital intelectual: a nova vantagem competitiva das empresas**. 3ª ed. Rio de Janeiro: Campus, 1998.

SVEIBY, K. E. **A nova riqueza das organizações**. Rio de Janeiro: Campus, 1998.

TELTECH. **Making knowledge management work**. Research report. Minneapolis: 1997.

THUROW, L. **A base da pirâmide**. HSM Management. Barueri, nº 19, ano 4, p. 142-146, mar./abr. 2000.

VARGAS, E. **Knowledge management como estratégia para a inovação**. Mundo da Imagem. São Paulo, nº 40, p. 21, jul./ago. 2000.

Moacir de Miranda Oliveira Junior – Professor do Departamento de Administração da FEA-USP. Doutor e mestre em Administração pela Faculdade de Economia e Administração da USP. Visiting Researcher na University of Cambridge – Judge Business School (1997/1998). Foi professor da FGV-Eaesp em programas de graduação, pós-graduação e MBA (nacional e internacional) e vice-coordenador do mestrado em Administração da PUC-SP. Atuou como professor convidado dos programas de MBA da Fundação Dom Cabral e do Ibmec, lecionando temas na área de Gestão Estratégica, Gestão do Conhecimento e Gestão Internacional. Coautor do livro *Gestão Estratégica do Conhecimento*. Autor de artigos acadêmicos e executivos publicados no Brasil e no exterior.
E-mail: mdmoj@uol.com.br

Homero Jorge Mazzola – Professor da Universidade Cidade de São Paulo (Unicid). Mestre em Administração pela PUC-SP. Engenheiro de Produção pela Escola Politécnica da USP. Diversos trabalhos apresentados em congressos, como EnANPAD, *Workshop* de Internacionalização de Empresas da UFRJ, *Workshop* de Internacionalização de Empresas da USP, entre outros. Larga experiência como executivo de empresas nacionais e internacionais.
E-mail: homero.mazzola@hamon.com.br

4

O Desafio de Compartilhar e Disseminar Conhecimento nas Organizações

Helena Tonet

1. Introdução

Embora as empresas e as demais organizações certamente já saibam que para se manterem vivas e competitivas precisam adquirir, renovar e disseminar o conhecimento que utilizam para operarem os seus negócios, a grande maioria delas ainda não consolidou estratégias nesse sentido, seja por descaso, seja porque não sabem como agir de forma efetiva para garantir a segurança de que necessitam nesse aspecto.

Muitas organizações ainda encontram dificuldades para gerir as estratégias de Gestão do Conhecimento que lhes são úteis, e até mesmo dispondo de fontes internas de conhecimento e inovação, continuam a executar atividades restritas que dificilmente agregam valor ao negócio. Nelas, as pessoas geralmente se portam como cumpridoras de tarefas e dificilmente usam os seus talentos, e, mesmo quando isso ocorre, não registram ou repassam a outros o que fazem, guardam para si o saber adquirido ao solucionar os problemas e ao enfrentar os desafios organizacionais, entesouram o conhecimento que possuem.

Outras até já avançaram mais nesse aspecto, contam com bons colaboradores, praticam políticas de manutenção e desenvolvimento das pessoas que produzem os seus resultados, estão crescendo e suas carteiras de clientes, aumentando, mas estão enfrentando problemas exatamente por isso. Precisam ganhar agilidade cada vez maior, adquirir e repassar conhecimento com rapidez, garantir que seus colaboradores estejam sempre preparados para solucionarem problemas e oferecerem prontamente as respostas que os clientes solicitam.

Embora distintas, as duas situações descritas têm na base um problema semelhante: a necessidade de fazer o conhecimento fluir pela organização, ser passado e repassado entre pessoas, migrar de uma unidade de trabalho para outra, deslocar-se entre regiões. Este capítulo considera essa questão, e aponta dois caminhos que estimulam as práticas de compartilhamento e de disseminação de conhecimento: oficinas de aprendizagem e capacitação a distância.

2. Referencial teórico

2.1 Compartilhar e disseminar conhecimento

A literatura de negócios, de forma geral, não distingue de forma explícita esses dois construtos, que, muitas vezes, aparecem até com o mesmo sentido. Na verdade, termos como disseminação, distribuição, partilha, transferência ou compartilhamento de conhecimento são empregados freqüentemente com o mesmo significado, como sinônimos, para identificar os processos usados para fazer o conhecimento migrar de uma situação para outra: de pessoa para pessoa; de pessoa para equipes e vice-versa; de fontes físicas como banco de dados, documentos, CDs, vídeos, livros, etc., para outras fontes físicas receptoras; ou de alguma dessas fontes para pessoas e vice-versa, entre outras situações.

Bartol e Srivastava (2002) definem compartilhamento de conhecimento como sendo o compartilhamento de informações, ideias, sugestões e experiências organizacionalmente relevantes, do indivíduo com outros indivíduos. Szulanski (2000) fala em transferência do conhecimento de uma pessoa ou de uma unidade de trabalho para outra, ressaltando que essa transferência não deve ser vista apenas como um ato que ocorre em um dado momento, e sim como um processo, constituído de diferentes estágios, cada um com suas dificuldades próprias. Localiza a transferência de conhecimento dentro de uma linha contínua, em que posiciona quatro marcos significativos: a constatação da necessidade do conhecimento, a decisão de transferir o conhecimento de uma pessoa ou de uma unidade organizacional para outra, o início do uso do novo conhecimento, o uso pleno do conhecimento e desempenho satisfatório.

Allen (1990) usa o termo transferência quando afirma que "... fica evidente que o conhecimento pode ser transferido de organização para organização, de organização para indivíduo e equipes de trabalho, de indivíduo para indivíduo, e de indivíduo para equipes de trabalho e organização". Silva (2002) faz referência a compartilhamento, que descreve como sendo o "... repassar às pessoas, ou obter delas alguns conjuntos de dados com valor...". Epple, Argote e Murphy (1996), ao abordar esse assunto, usam o termo transferir, quando dizem que a habilidade da organização para transferir conhecimento de uma unidade para outra é uma forma de contribuição para o desempenho da organização, tanto na indústria como nas áreas de serviços.

Entretanto, apesar de ser usada de forma indistinta em relação a outros termos com sentido similar e vice-versa, é possível perceber que na literatura a expressão compartilhamento de conhecimento tende a referir-se mais às trocas de conhecimento que ocorrem entre pessoas. Já as trocas de conhecimento existente entre unidades de uma mesma organização ou entre organizações tendem a ser identificadas mais como disseminação ou distribuição de conhecimento ou de informação (Tonet, 2005). Este capítulo segue essa orientação.

O compartilhamento e a disseminação de conhecimento estão fundamentados em duas colunas básicas: as pessoas e a tecnologia. As pessoas são a fonte do conhecimento, que adquirem por meio da aprendizagem, e que, transferido para as organizações, provocam mudanças e produzem a aprendizagem organizacional. Segundo Simon (1991), a aprendizagem ocorre dentro da cabeça das pessoas, e a organização só poderá aprender por meio dos colaboradores que a ela já estão vinculados, ou buscando pessoas que possuem os conhecimentos de que ela necessita.

Se as pessoas que estão na organização, deixam de aprender, a organização fica estagnada. O conhecimento da organização é absorvido daquilo que as pessoas sabem, o que é evidenciado nos documentos da organização, suas rotinas, suas normas, seus procedimentos, seu organograma, seus produtos que oferece e seus serviços que presta. O conhecimento da organização também é identificado na cultura organizacional, por meio dos seus valores, de suas crenças, e das estratégias adotadas para cumprir seus objetivos e seus planos de trabalho.

A tecnologia é, hoje, um recurso indispensável às organizações, que permite acelerar tempos, prover condições de execução, viabilizar projetos. Sem ela, a captura e a disseminação do conhecimento na organização toda são praticamente inviáveis. A sociedade avançou em relação à era industrial porque a tecnologia permitiu acelerar os processos e disponibilizar a informação no local exato e no momento certo em que as organizações dela precisam. A tecnologia está para a informação, assim como a pessoa está para a aprendizagem. Esses dois elementos, pessoas e tecnologia, sustentam a sociedade do conhecimento.

2.2 Ações e estratégias para o compartilhamento e a disseminação de conhecimento

O compartilhamento de conhecimento no trabalho não pode ser tratado apenas como um objetivo a ser alcançado, pois é muito mais um resultado de situações anteriores, que poderão contribuir para que ocorra, ou não. Se o conhecimento é tão importante para as organizações, certamente o será também para as pessoas, e elas sabem disso. Elas não irão compartilhar mais ou deixar de compartilhar conhecimento só porque a direção, o planejamento ou a área de capacitação tenham definido que deverão fazer isso. Elas o farão, sim, mas em um contexto que permita o compartilhamento de conhecimento, que irá ocorrer embutido nos processos administrativos e de gestão, nas orientações repassadas de uma pessoa a outra, nas perguntas e nas respostas formuladas no dia-a-dia de pessoas que trabalham lado a lado.

Um primeiro e grande desafio das organizações, portanto, é criar uma cultura propícia ao compartilhamento de conhecimento, que estimule a aprendizagem contínua das pessoas, e valorize tanto o que sabem como a disposição para repassar aos outros aquilo que aprenderam, e, também, para receberem de outros soluções para o que não sabem. Tal cultura supõe a existência de oportunidades formais e informais de contato entre as pessoas, pois as conversas e as interações entre elas são um importante canal de aprendizagem e de transferência do saber.

A organização pode-se valer de estratégias planejadas e organizadas de forma a estimular e a facilitar o compartilhamento e a disseminação de conhecimento. As oficinas, por exemplo, são boas oportunidades para promover o compartilhamento de conhecimento. Podem-se caracterizar como oficinas de aprendizagem, onde o foco maior de atenção é na aquisição de conhecimento novo ou não dominado pelos participantes, e repassado por meio de práticas e vivências, por alguém que tem o seu domínio. Ou como oficinas de trabalho, em que o foco predominante é a solução conjunta de um problema, ou a execução de uma atividade. Nela, poderão estar reunidas pessoas com diferentes saberes, que serão repassados de uns a outros, embutidos nas falas, nas discussões de alternativas e nas soluções encontradas.

Nas organizações, as ações de capacitação sempre foram utilizadas para promover aprendizagens e atualizar os conhecimentos e as habilidades das pessoas. Se no passado eram importantes para o sucesso das organizações, hoje são imprescindíveis. Entretanto, muitos eventos de capacitação formatados na maneira tradicional agregam pouco valor às organizações. As pessoas, por exemplo, tendem a apenas ouvir de forma passiva os conteúdos abordados, sem refletir sobre eles e apropriá-los para a realidade que vivenciam. Ou, então, o investimento tende a ser alto e a execução, muitas vezes, inviável, principalmente quando envolve deslocamento de pessoas e exige grande disponibilidade de tempo.

Isso ocorre devido a diferentes motivos, como a adoção de estratégias passivas de ensino e aprendizagem, a opção por conteúdos dissociados de necessidades reais, cursos realizados em horários e períodos incompatíveis com a realidade funcional e pessoal dos participantes, e a falta de práticas de avaliação de resultados e dos impactos provocados sobre o trabalho que o treinando executa, entre outros.

Embora sem substituir os métodos presenciais, o ensino a distância vem ganhando espaço como um caminho para a formação e o desenvolvimento corporativo, pois, além de reduzir sensivelmente os custos com deslocamentos de pessoal, permite adequar as oportunidades de capacitação à disponibilidade de tempo e horários de cada participante. É um recurso que pode permitir aumentar o número de horas de participação dos colaboradores em cursos orientados pela organização, reduzir os custos nessa área e oferecer aos participantes condições para uma aprendizagem que poderá ser de qualidade igual ou até mesmo superior a que poderiam obter em muitos eventos presenciais.

As universidades corporativas ou os centros corporativos de formação e desenvolvimento de pessoas têm utilizado com muita frequência o ensino a distância em projetos de disseminação de conhecimento. Meister (1999) vê a Universidade Corporativa como um guarda-chuva estratégico, com o papel de desenvolver e educar colaboradores, clientes, fornecedores e comunidade, a fim de cumprir as estratégias empresariais. São recursos que facilitam e viabilizam a disseminação de conhecimento nas organizações.

3. Casos

3.1 Caso 1: Disseminação do conhecimento na UniGEAP

A GEAP – Fundação de Seguridade Social, criada em 1945, assumiu missões específicas e passou por diversas fases de desenvolvimento, e desde 1990 passou a atuar como entidade fechada de previdência privada e assistência à saúde. Hoje, com mais de 60 anos, é uma organização sem fins lucrativos, que conta com 1.480 empregados, distribuídos em superintendências e representações em todo o território nacional. Administra um patrimônio de cerca de R$ 1,3 bilhão, ocupando a 5ª posição em população previdenciária segurada na modalidade de plano de pecúlio e o 35º lugar em ativos de investimento, conforme *ranking* da Secretaria de Previdência Complementar.

A multiplicidade de atividades da GEAP exige que se mantenha sistemas eficientes de comunicação e de transferência de conhecimento, sem os quais correrá o risco de inviabilizar metas e de não cumprir seus objetivos.

Cabe ao Núcleo de Educação Corporativa da GEAP a responsabilidade de disseminar o conhecimento útil e necessário ao funcionamento da entidade e de criar condições para a circulação de conhecimentos já existentes na instituição, mas que permanecem encapsulados em unidades de trabalho ou em pessoas, e desconhecidos por muitos que poderão reutilizá-los e até mesmo criar novos conhecimentos a partir deles. O Núcleo opera essencialmente por meio da Universidade Corporativa da Fundação de Seguridade Social – (UniGEAP), que integra a sua estrutura.

A UniGEAP tem como missão estimular a produção, a retenção organizacional e a disseminação do conhecimento e suprir as necessidades de conhecimento voltado para o crescimento e o desenvolvimento da GEAP, das pessoas, dos beneficiários e dos prestadores de serviços. Sua atuação está focalizada na realização de ações de capacitação e desenvolvimento, vinculadas às metas e aos objetivos da Fundação GEAP, e nas políticas e demandas de disseminação, armazenagem e recuperação do conhecimento útil à instituição. A programação da UniGEAP é realizada, predominantemente, a distância, o que reduziu em cerca de 80%, desde a sua criação, os custos com deslocamentos para participação em eventos de capacitação, ao mesmo tempo em que ampliou consideravelmente o acesso dos colaboradores a programas dessa natureza.

O projeto pedagógico da UniGEAP está estruturado sobre quatro pilares conceituais: Educação Continuada, Empreendedorismo Social, Cidadania Ativa, Responsabilidade Social. E a crença postulada é de que a Educação Corporativa deve levar o indivíduo a: a) aprender continuamente sobre o mundo, o trabalho, as pessoas; b) fazer o que for útil a uma vida com qualidade, dignidade e cidadania; c) conviver com outras pessoas, com ideias diferentes, com incertezas, com desafios; d) ouvir os outros; e) respeitar ideias, tempos e movimentos históricos; f) compartilhar os frutos do trabalho coletivo e do aprendizado obtido; g) ser sujeito da destinação histórica.

A atuação da UniGEAP ocorre segundo três dimensões: centralizada, descentralizada e complementar. Dentro do escopo da dimensão centralizada, uma equipe de desenvolvimento e gestão de aprendizagem estuda e define as metodologias dos eventos de capacitação, criação, adaptação e transposição de conteúdo, planejamento de aulas, e elabora, implanta, monitora e avalia a programação da UniGEAP.

Na dimensão descentralizada, uma equipe de facilitadores acompanha a realização dos cursos presenciais e a distância, o desempenho dos alunos, soluciona dúvidas relacionadas com as plataformas educacionais e as atividades instrucionais; sensibiliza, estimula e acompanha o aluno no ingresso, durante a permanência e na etapa de conclusão dos cursos oferecidos, além de colaborar com a avaliação. E uma equipe de tutores e gestores, integrada por pessoas especializadas em projetos educacionais, soluciona dúvidas relacionadas com os conteúdos específicos e com o gerenciamento dos projetos educativos. A dimensão complementar inclui as ações destinadas a oferecer cursos adquiridos no mercado para atender às necessidades pontuais manifestadas pelos colaboradores.

O desenho instrucional dos cursos é feito pela equipe UniGEAP, que pesquisa sobre os conteúdos e desenvolve os planos de instrução e a metodologia de entrega dos cursos. A formatação dos conteúdos para o meio web é feita por especialistas contratados para esse fim. Quando formatados e aprovados, os cursos são postados na plataforma educacional UniGEAP.webaula.

A plataforma UniGEAP.webaula permite interações bastante satisfatórias, facilitando a comunicação dos participantes entre si e entre eles e os facilitadores; as ferramentas de secretaria oferecem possibilidade de controle dos acessos e percurso dos aprendizes, facilitando o acompanhamento e a sistematização dos resultados da capacitação, incluindo as estatísticas referentes a número de concluintes, desistentes, relatórios de acessos e produtividade. O desafio para 2008 consiste em introduzir um sistema de avaliação de todas as atividades desenvolvidas pela UniGEAP. O sistema terá como referência o modelo de Kirckpatrick (1998), integrado por quatro níveis de avaliação: a) *reação* – mede o grau de satisfação dos participantes com diferentes aspectos do programa de capacitação; b) *aprendizado* – avalia se ocorreram aquisição de conhecimento adquirido, melhoria das habilidades e mudança de atitudes em decorrência do programa realizado; c) *comportamento* – avalia o impacto da capacitação adquirida pelo participante sobre o trabalho que ele realiza na organização; d) *resultados* – mensura os resultados ocorridos na organização em decorrência da capacitação realizada, como aumento de produtividade, melhoria da eficiência, redução de custos. O sistema a ser implantado deverá considerar, pelo menos, os três primeiros níveis de avaliação previstos no modelo.

3.2 Caso 2: Compartilhamento de conhecimento em oficinas de aprendizagem – o caso do Correio Braziliense

A empresa: o Correio Braziliense é uma empresa líder de comunicação jornalística no Distrito Federal, pertencente ao Grupo Associados, que tem sua história marcada pelo pioneirismo e pela persistência de Assis Chateaubriand, traços que ainda se refletem fortemente em sua cultura interna, garantindo que se mantenha a frente de outros veículos de comunicação nas áreas de sua maior atuação, em particular no monitoramento e na divulgação do que ocorre no governo federal. Sua atuação no mercado é reflexo de todo um conjunto de políticas e práticas de gestão, que incluem desde o mapeamento e a definição dos processos mais adequados de trabalho até a captação e o desenvolvimento dos profissionais de que necessita. Um dos recursos usados na empresa para repassar conhecimento e estimular a adoção de novas práticas são as oficinas de aprendizagem.

A situação estudada: a Consultoria Interna de Recursos Humanos – CRH da empresa definiu que iria rever, discutir e disseminar conhecimentos sobre competências, visando ampliar a adoção dessa abordagem em suas práticas internas de gestão de pessoas. Pretendia discutir o tema de forma sistematizada, intra CRH, aprofundando e fundamentando teoricamente o conhecimento que as pessoas detinham sobre o assunto, com o objetivo de gerar maior segurança na sua abordagem.

Características que poderiam interferir no trabalho: a CRH era, naturalmente, sobrecarregada de trabalho, mas estava disposta a aceitar o desafio decorrente da proposta. Havia a disposição para leituras e exercícios fora dos horários destinados aos encontros dos participantes; admitia-se que pudessem ocorrer encontros entre os integrantes da área e os consultores, inclusive aos sábados; a previsão temporal para a realização do projeto era de até quatro meses.

Objetivo das oficinas: descrever e analisar diferentes conceitos e modelos de gestão por competências, discutindo formas e implicações da adoção da abordagem frente a realidade da empresa e os procedimentos já utilizados pelos subsistemas de gestão de pessoas, em particular, os de captação, remuneração e avaliação de desempenho.

Metodologia adotada: a metodologia de trabalho compreendeu a realização de oficinas voltadas para o compartilhamento de conceitos e modelos sobre o tema competências, a formação de consciência crítica sobre a viabilidade e a aplicação da abordagem à realidade da empresa e a aquisição de um referencial que gerasse linguagem única no tratamento das questões pertinentes ao assunto. O trabalho planejado previa o tratamento teórico e prático do tema, feito pela consultoria; fornecimento de textos aos participantes, para leitura e posterior discussão; e pesquisa e levantamento de materiais sobre o tema feito pelos integrantes – nesse caso, caberia à consultoria ler e se posicionar sobre esses materiais.

A metodologia previu a realização de sete encontros de três horas cada um, agendados semanalmente, preferencialmente no período matutino. Caso ocorressem impedimentos, o encontro seria remarcado para data bem próxima, inclusive em fins de semana. Previu, também, que cada participante usasse cerca de 40 horas em leituras, exercícios e práticas cumpridas fora dos momentos estipulados para os encontros. As oficinas eram entendidas, assim, como o conjunto dos sete encontros mais o tempo usado pelos participantes para as tarefas deles decorrentes.

Para cada encontro, todos os participantes deveriam ler previamente os textos indicados e fazer os exercícios pertinentes, quando fosse o caso. Em cada encontro, eram discutidos dois textos, preferencialmente divergentes em suas abordagens. No primeiro, os consultores fizeram uma abordagem geral sobre o tema competências e apresentaram a síntese dos textos que haviam sido indicados para a leitura prévia, antes de iniciar as discussões. Nos demais encontros, coube aos participantes essa tarefa. Assim, cada texto era lido por todos, mas um participante era encarregado de fazer uma leitura mais aprofundada e de preparar uma síntese para expor no encontro, e, dessa forma, dar início à discussão em pauta. Nessa preparação, deveria discutir o assunto com os participantes da oficina, ouvir outras pessoas, buscar outras referências.

A cada encontro, eram apresentadas duas sínteses, preparadas por dois integrantes do grupo. Era, então, aberta discussão sobre o entendimento gerado com as leituras, formuladas questões e feitas reflexões sobre as relações entre os conteúdos lidos e suas aplicações à prática empresarial, e as implicações disso decorrente. Os consultores davam apoio quando necessário, solucionando dúvidas ou apontando caminhos e recursos não percebidos.

Ao lado das aprendizagens relacionadas com o tema competências, as reflexões sobre as possibilidades de adoção dessa abordagem pela empresa deram oportunidade a que os participantes falassem sobre os procedimentos utilizados em suas áreas e apontassem obstáculos e facilitadores por eles percebidos em relação à proposta. O interesse e o envolvimento de todos nas discussões geradas, os questionamentos feitos, as respostas oferecidas e as conclusões obtidas constituíram um acervo significativo de conhecimento compartilhado entre os participantes.

4. Conclusões

As organizações estão cada vez mais preocupadas em encontrar formas que estimulem o compartilhamento de conhecimento entre as pessoas e permitam disseminá-lo pela empresa toda. Compartilhar conhecimento é tanto o comportamento daquele que repassa a outro o conhecimento que possui como o de interessar-se pelo conhecimento do outro, receber o conhecimento que este adquiriu por meio de suas reflexões e experiências. Está no âmbito das trocas que ocorrem entre as pessoas. A disseminação de conhecimento, por sua vez, pode ocorrer tanto no âmbito das unidades de trabalho, intraorganização, quanto no âmbito interorganizacional, envolvendo diferentes organizações.

A organização precisa que as pessoas aprendam continuamente, e que repassem umas às outras o conhecimento adquirido, pois só assim conseguirá renovar-se na velocidade que o ambiente externo impõe. E necessita, também, disseminar o conhecimento que possui, fazer que o conhecimento localizado em um ponto flua rapidamente para pontos mais diversos e distantes. As organizações contam com uma aliada muito forte, a tecnologia, que tanto ajuda as pessoas a aprender, para então ter o que compartilhar, como imprime velocidade e viabiliza a disseminação do conhecimento.

Entre as estratégias que podem ser utilizadas para estimular o compartilhamento de conhecimento entre pessoas, estão as oficinas de aprendizagem e as oficinas de trabalho, que podem ser modeladas de diferentes formas, de acordo com a realidade e as necessidades de cada situação. Para a disseminação do conhecimento, as organizações estão contando, cada vez mais, com o apoio de universidades corporativas, que, utilizando métodos de ensino e aprendizagem a distância, e se valendo de tecnologia, conseguem fazer o conhecimento fluir pela organização toda.

Referências

ALLEN, T. (1990). **People and technology transfer. The International Center for Research on the Management of Technology_[on-line]** (1999) Disponível em: http://web.mit.edu. Acessado em 20/03/2003.

BARTOL, K., e SRIVASTAVA, A. Encouraging knowlwdge sharing: The role of organizational reward systems. **Journal of Leadership & Organizational Studies**, 9(1), 64-76, 2002.

EPPLE, D., ARGOTE, L., & MURPHY, K. An empirical investigation of the micro structure of knowledge acquisition and transfer trough learning by doing. **Operations Research**, 44(1): 77- 86, 1996.

MEISTER, J. C. **Educação corporativa**. São Paulo: Makron Books, 1999.

SILVA, S. L. **Informação e competitividade: A contextualização da gestão do conhecimento nos processos organizacionais**. Ciência da Informação, 31(2): 1-17, 2002.

SIMON, H. Bounded rationality and organizational learning. **Organization Science**, 2 (1), 125-134, 1991.

SZULANSKI, G. The process of knowledge transfer: a diachronic analysis of Stickness. **Organizational Behavior and Human Decision Processes**, 82 (1): 9-27, 2000.

TONET, H. C. Compartilhamento de conhecimento no trabalho: o impacto das atitudes e da cultura organizacional. **Tese de Doutorado**, Instituto de Psicologia. Universidade de Brasília, DF, 2005.

Helena Tonet – Doutora em Psicologia pela Universidade de Brasília, tese "Compartilhamento de conhecimento no trabalho – o impacto das atitudes e da cultura organizacional". Mestre em Administração pela Universidade de Brasília. Especialista em Educação Continuada e a Distância e em Avaliação de Instituições de Ensino e de Docentes pela Universidade de Brasília. Consultora de empresas, com atuação em organizações públicas e privadas, nas áreas de Definição de Políticas de RH, Planejamento Institucional, Desenvolvimento Gerencial, Avaliação de e por competências, Compartilhamento de Conhecimento no Trabalho. Professora em cursos de pós-graduação *stricto sensu* e *lato sensu*. Coordenadora do MBA Gestão de Recursos Humanos da Universidade Católica de Brasília/Fundação Universa. Autora de artigos e capítulos de livros. E-mail: htonet@uol.com.br

Parte 3

A Inter-Relação da Gestão do Conhecimento com Outras Áreas de Estudos Organizacionais

5

Inovação e Gestão do Conhecimento

Gabriela Gonçalves Silveira Fiates

1. Introdução

Em função da crescente competitividade no cenário de negócios e da capacidade de mimetismo por parte das empresas nos últimos anos, não há dúvidas sobre a importância da inovação no contexto organizacional. Os avanços científicos e tecnológicos têm reduzido consideravelmente o ciclo de vida de produtos e serviços, o que requer das organizações uma capacidade de acompanhar e incorporar inovações em todos os seus níveis, e, justamente por isso, é motivo de contínuo estudo e análise. Nesse contexto, a inovação pode ser compreendida como uma das etapas mais importantes da Gestão do Conhecimento: a aplicação do conhecimento gerado ou adquirido na forma de produtos, serviços ou processos.

Este capítulo aborda o processo de inovação e seu relacionamento com a Gestão do Conhecimento, analisado a partir do caso de uma fundação de pesquisa e desenvolvimento.

2. Referencial teórico

2.1 A inovação como forma de obter vantagem competitiva

A forma pela qual as organizações vêm-se adaptando ao ambiente externo tem sido bastante discutida tanto por pesquisadores quanto por dirigentes de organizações, nos mais diversos campos de atuação. Atualmente, mais do que em décadas passadas, os dirigentes sofrem pressões cada vez maiores para prever e responder às forças externas. A crescente globalização, a intensificação da competição, novos conceitos de produtos e processos, menores ciclos de vida dos produtos, flexibilidade no atendimento ao mercado, automação industrial, novos insumos e mudanças nos padrões de organização da produção são alguns dos elementos que configuram a chamada nova competição, que se opõe à oferta generalizada de produtos padronizados.

Sendo assim, as organizações, por serem sistemas abertos, têm necessitado se adaptar continuamente ao contexto, no qual a inovação vem-se configurando como um diferencial real para organizações que desejam manter-se competitivas. Eis porque a inovação é, então, uma estratégia fundamental na determinação da competitividade organizacional em ambientes turbulentos.

A inovação não é importante apenas para a competitividade organizacional, mas também para o próprio desenvolvimento econômico. Schumpeter (1988) cita que, em um modelo de economia estacionário, a figura do empresário inovador torna-se fundamental para o desenvolvimento da economia. Ou seja, o empresário que conduz seus negócios de forma inovadora é o agente econômico que, por meio das mais eficientes combinações, traz novos produtos para o mercado, quer pela aplicação prática de alguma invenção, quer por uma aplicação tecnológica. Contudo, Schumpeter (1988) ressalta que a figura do empresário, isoladamente, não é suficiente para criar todas as condições de desenvolvimento econômico. É preciso, também, que haja um conjunto de condições macroeconômicas que permita uma reforma real no modelo socioeconômico.

Nesta observação, o autor consegue sintetizar todos os elementos essenciais para se compreender a abrangência e o impacto da inovação:

- a inovação é fundamental para o desenvolvimento econômico;
- a inovação pode ser fruto de uma invenção ou da aplicação de uma tecnologia já existente;
- o consumidor é uma figura essencial e precisa ser gerenciado;
- a inovação não depende apenas do empresário, pois outros fatores externos influenciam a performance.

O trabalho de Schumpeter fornece uma base conceitual nessa área pela forma como o autor apresenta a inovação como a principal fonte do dinamismo do desenvolvimento do capitalismo. Por isso, Drucker (1981), corroborando com ele, enfatiza que inovação não é apenas um termo técnico, é, além disso, um termo econômico e social. Seu critério não é a ciência nem a tecnologia, mas a mudança em um cenário econômico ou social, uma mudança no comportamento das pessoas como consumidores ou produtores, como cidadãos, estudantes ou professores.

Embora esses autores ressaltem que a inovação não tem como foco apenas a geração de novos conhecimentos, mas, sobretudo, a geração de riqueza ou de um novo potencial de ação, o foco que será dado aqui é no uso do conhecimento para a geração de mudanças que propõem uma situação nova para algum aspecto organizacional, com o objetivo de gerar lucros ou melhorias nos níveis de desempenho da organização.

2.2 Como surgem as inovações: etapas propostas

Para representar o processo de inovação, Fiates (1997) desenvolveu o modelo proposto na Figura 1. Esse modelo caracteriza, na primeira etapa, o surgimento da ideia inicial a partir de duas vertentes principais: fruto das forças indutoras *technology push,* ou seja, a força evolucionária do progresso científico e tecnológico, e *market pull*, que representa a força do mercado que ocorre em função de uma nova necessidade do consumidor ou da introdução de uma novidade pelo concorrente.

Observe que a Figura 1 não apresenta uma etapa de avaliação, pois o autor defende que a avaliação não consiste em uma etapa, mas sim em uma postura que deva ser adotada no desenvolvimento de todas as etapas. Uma avaliação crítica do processo de inovação deve ocorrer a todo momento em termos de seus resultados e de sua produtividade.

Outro aspecto importante a ser observado é que, embora as etapas estejam apresentadas em uma sequência, não há uma obrigatoriedade de uma abordagem linear. Na verdade, toda e qualquer ação do processo de inovação pode interagir com as demais dentro de uma perspectiva de integração e flexibilidade, não existindo uma sequência rígida. Naturalmente, existem etapas que devem ser concluídas antes das outras, o que não impede uma discussão abrangente e integrada desde o início. Nesse sentido, é fundamental que se entenda a possibilidade e a importância de reali-

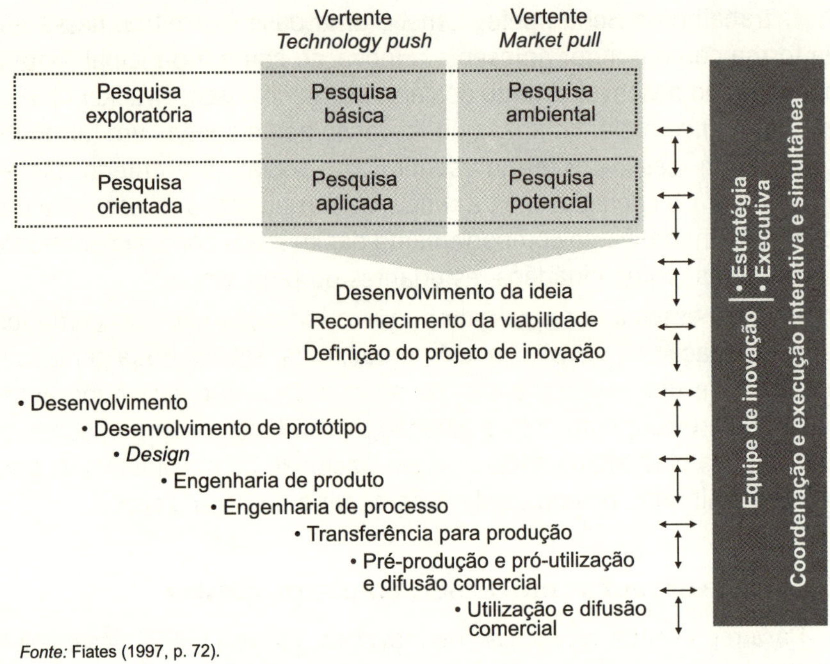

Fonte: Fiates (1997, p. 72).

Figura 1 – Etapas do macrofluxograma do processo de inovação.

zá-las dentro de uma perspectiva integrada a fim de obter melhores resultados de qualidade, prazo e custo.

É importante observar, ainda, que, embora a inovação seja reconhecida como a aplicação ou uso do conhecimento, nas etapas propostas nesse modelo considera-se que outros processos da Gestão do Conhecimento, como, por exemplo, a aquisição ou criação do conhecimento, estejam também presentes de forma intensiva para que se possa chegar ao resultado.

Nesse modelo, o processo de inovação é desenvolvido segundo 12 etapas, que podem ocorrer com maior ou menor ênfase em alguma delas, dependendo do tipo de inovação e de sua complexidade.

1. pesquisa (exploratória ou orientada): análise das fontes de inovação, ou seja, é uma fase de aquisição de conhecimento;

2. desenvolvimento da ideia: caracteriza-se como uma fase de processamento do conhecimento por meio de reflexão, desconstrução e reconstrução de modelos mentais;
3. reconhecimento da viabilidade (estratégica, técnica, funcional e financeira): nessa etapa, propõe-se a análise de riscos na tentativa de minimizar o grau de incerteza dos resultados na otimização da aplicação do conhecimento;
4. definição do projeto de inovação (conceito de produto/serviço; etapas de um projeto; definição de um novo mercado; parametrização de um novo modelo de gestão etc.);
5. desenvolvimento de teste piloto: aplicações e experimentações com vistas ao mercado;
6. desenvolvimento de protótipos: essa etapa consiste na aplicação do conhecimento em escala limitada para testes;
7. *design*: estudo da funcionalidade e da estética de produtos na etapa de aplicação do conhecimento para que fique mais interessante para o mercado;
8. engenharia de produto: etapa de aplicação do conhecimento na otimização do produto;
9. engenharia de processo: etapa de aplicação do conhecimento para a otimização de processo;
10. transferência para produção: transferência do conhecimento para a fase de produção com adaptação dos processos;
11. utilização e difusão (pré-comercial/desenvolvimento de mercado) ou disseminação/sensibilização/capacitação;
12. utilização e difusão (comercial: lançamento e distribuição junto ao mercado, buscando identificar novas necessidades) ou implementação propriamente dita.

É importante ressaltar que, dependendo do porte da organização, ou do tipo de inovação a ser empreendida, alguma(s) dessa(s) etapa(s) pode(m) ficar de fora. Por exemplo, as etapas 6 a 10 só estarão presentes em processos de inovação de projetos de produtos ou de processos de produção.

Enfatiza-se, ainda, que o modelo apresentado não ocorre na prática como uma receita de bolo. A característica de flexibilidade da estrutura do processo de inovação permite que cada organização adapte o modelo segundo suas necessidades, seus recursos, sua realidade ou seu interesse.

Para analisar a flexibilidade com que ocorre o processo de inovação, analisaremos o caso de um instituto de pesquisa e desenvolvimento. Pela diversidade de projetos inovadores que esse instituto desenvolve, é possível verificar que etapas do modelo proposto, bem como a intensidade com que essas etapas ocorrem, variam de acordo com o projeto.

3. Caso da Fundação Centros de Referência em Tecnologias Inovadoras (Certi)

A Certi é um instituto de P&D, criado em 1984 por iniciativa de um grupo de empresas catarinenses e paulistas, em parceria com a Universidade Federal de Santa Catarina (UFSC), o Conselho Nacional de Desenvolvimento Científico e Tecnológico (CNPq) e o governo do Estado de Santa Catarina.

A Fundação atua por meio de seus quatro Centros de Referências ou Unidades de Negócios, a saber: Centro de Inovação em Negócios (CINg), em Produtos (CIPd), de Metrologia e Inovação em Processos (CMIP) e Centro Empresarial para Laboração de Tecnologias Avançadas (Celta), uma das primeiras incubadoras de base tecnológica do Brasil.

A missão da Fundação Centros de Referência em Tecnologias Inovadoras é:

> Fornecer soluções tecnológicas inovadoras de caráter estratégico para os clientes, utilizando o conhecimento universal e os resultados de pesquisas avançadas, próprias e de parceiros, em prol do progresso e do bem-estar da sociedade.

A Fundação busca em seu dia-a-dia concretizar essa missão, sobretudo desenvolvendo projetos inovadores para clientes que levam o resultado desses projetos à sociedade.

Para facilitar e garantir maior objetividade à análise do processo de inovação desenvolvido na Fundação, foram selecionados dez grandes projetos que serviram como referência para a caracterização do Sistema de

Inovação Tecnológica da instituição. Esses projetos foram escolhidos por representarem os grandes desafios tecnológicos enfrentados pela mesma desde a sua criação, além de representarem praticamente todas as áreas tecnológicas em que a Certi atuou e contemplarem os segmentos de clientes e parceiros mais significativos da instituição.

Os projetos selecionados estão apresentados a seguir.

1. Projeto Micrômetro Laser: sistema de medição sem contato baseado em tecnologia laser e desenvolvido para aplicações industriais, com princípios metrológicos e construtivos adequados a ambientes severos. Cliente – Olsen Tecnologia.
2. Projeto Estação Holográfica: sistema mecaoptoeletrônico desenvolvido para realização de medições de deformação, deslocamento e tensões, sem contato, e através de princípios holográficos. Cliente: PADCT – Ministério de Ciência e Tecnologia.
3. Projeto de Especificação da Bancada de Teste de Compressores Herméticos: especificação do conceito e dos componentes de uma bancada de teste de compressores herméticos. Cliente – Embraco.
4. Projeto de Automação do Banco de Ensaios de Motores de Combustão Interna: desenvolvimento de um sistema automatizado e integrado de gerenciamento de dados em um Bemci. Cliente – PADCT – Ministério de Ciência e Tecnologia.
5. Projeto de Desenvolvimento do *software* de Planejamento de Produção: desenvolvimento de um sistema de apoio ao Planejamento da linha de produção, de forma a alimentar o sistema MRPII. Cliente – Embraco.
6. Projeto MMC: automação da Máquina de Medição por Coordenadas: desenvolvimento de *hardware* e *software* para controle e automação de uma máquina de medição por coordenadas. Cliente – Mitutoyo.
7. Projeto Cames: automação da Medição de Cames – desenvolvimento de um sistema automatizado para medição de eixos de cames com armazenamento de dados e emissão automática de relatórios. Cliente – Mercedez Benz.
8. Projeto Smart Card: desenvolvimento do *hardware* e do *software* de um sistema de leitura de cartões *Smart Card*. Cliente – Procomp.

9. Projeto do Sistema de Aquisição de Sinais: Interface Modular de Aquisição e Controle (IMAC): sistema composto por *hardware* e *software*, aplicado na aquisição de sinais e controle. Cliente – Intelbrás.
10. Projeto da Trena 3D: sistema para medição de grandes dimensões, utilizando técnicas e mecanismos mecaoptoeletrônicos. Cliente – Copel.

Apresenta-se na Figura 2 a relação de cada projeto analisado com as alternativas de estrutura do processo de inovação e com as diversas etapas do processo.

Estrutura do Processo de Inovação Tecnológica:

a) sequencial;
b) interativa sequencial;
c) integrada.

Etapas do Processo de Inovação Tecnológica:

a. pesquisa exploratória;
b. pesquisa orientada;
c. desenvolvimento da ideia;
d. reconhecimento da viabilidade;
e. definição do projeto de inovação;
f. desenvolvimento;
g. desenvolvimento de protótipos;
h. *design*;
i. engenharia de produto;
j. engenharia de processo;
k. transferência para produção;
l. utilização e difusão pré-comercial;
m. utilização e difusão comercial.

	Estrutura			**Etapas** **G** – grande identificação no projeto **M** – moderada identificação no projeto **F** – fraca identificação no projeto												
Projeto	**a)**	**b)**	**c)**	**a**	**b**	**c**	**d**	**e**	**f**	**g**	**h**	**i**	**j**	**k**	**l**	**m**
1. BTCH	X				M	G	M	G	G	G						
2. Bemci	X				M	G	F	G	G	G						
3. SPP		X			F	G	F	M	G	G						
4. Automação CMM	X					G	M	G	G	G	F	M				
5. Medição de Cames	X					G	M	G	G	G						
6. Microlaser		X		F	M	G	F	M	G	G	M	M				
7. IMAC		X			M	G	F	M	G	G	F	M				
8. Est. holográfica	X			G	G	G	F	G	G	G		F				
9. Trena 3d		X			M	G	M	G	G	G						
10. *Smart Card*			X		M	G	G	G	G	G	G	G				

Figura 2 – Identificação da presença das diversas etapas do processo de inovação tecnológica nos projetos de inovação selecionados.

Em relação à estrutura do processo de inovação tecnológica na Fundação Certi existe uma predominância do processo interativo sequencial, o que se justifica até pelo porte relativamente pequeno da instituição, que permite um relacionamento e uma interação entre seus profissionais e suas áreas. Essa estrutura é extremamente interessante do ponto de vista das oportunidades de compartilhamento e criação de conhecimento novo a partir das interações entre os membros das equipes de projetos. O projeto *Smart Card* representa uma primeira iniciativa formal de desenvolvimento simultâneo, uma estrutura de processo que permite interações ainda mais rápidas e intensas em todos os níveis.

Em relação às etapas do processo de inovação tecnológica, percebe-se que os projetos, em sua maioria, não passam por todas as etapas propostas no modelo de processo de inovação, o que mostra a flexibilidade e a diversidade do processo de inovação na organização estudada. Percebe-se que as etapas j, k, l e m, tipicamente etapas relacionadas com a aplicação de conhecimento na etapa de engenharia de processo, produção e difusão no mercado de produtos e serviços, não ocorrem na organização. Essas etapas, embora sejam fundamentais para a Gestão do Conhecimento, são delegadas às organizações-clientes, porém é importante ressaltar que há uma interação permanente entre a Fundação e seus clientes nas etapas subsequentes. Tais conhecimentos gerados pela empresa ou pelo cliente são compartilhados bilateralmente visando a sua utilização em projetos futuros.

4. Considerações finais

Ressalta-se, no processo de inovação, a importância de que as inovações desenvolvidas sejam efetivamente levadas à sociedade e que gerem lucros para a organização inovadora, afinal, é essa característica que diferencia a inovação de uma simples invenção.

Observa-se, no caso estudado, uma tendência de a Certi se envolver mais com a etapa de engenharia de produto, etapa na qual o processamento do conhecimento é mais intensivo. Esse fato garante uma utilização mais rápida do resultado do processo de inovação tecnológica – conhecimento aplicado – pelo cliente. Como o caso trata de um instituto de P&D, pode-se perceber que as etapas mais voltadas à produção e comercialização foram minimizadas e, por vezes, completamente transferidas para o próprio cliente.

No entanto, é importante reconhecer que a viabilidade técnica, comercial ou financeira constitui uma deficiência grande da instituição, o que coloca em risco o posicionamento estratégico da organização, pois a capacidade inovadora é um diferencial estratégico, mas a capacidade inventiva pode ser apenas um escoadouro de recursos. Percebe-se, nesse caso, que o foco da Fundação Certi reside na Gestão de Conhecimento técnico ou tecnológico, evidenciando-se uma deficiência na Gestão de Conhecimentos comerciais e financeiros.

Percebe-se que as etapas iniciais de pesquisa e desenvolvimento recebem destaque na instituição pela própria missão da organização. No entanto, é fundamental que a Fundação Certi se preocupe ainda com a finalização do processo de inovação para que não se torne apenas uma fábrica de invenções.

Observando a deficiência da organização, verifica-se a necessidade de uma Gestão do Conhecimento integral, embora haja, naturalmente, uma hierarquia de conhecimentos definida pela missão da organização.

Ela precisa ser gerida como um sistema holístico, no qual todo conhecimento é importante em algum momento da vida organizacional.

Referências

DRUCKER, P. F. **Fator Humano e desempenho – o melhor de Drucker sobre administração**. São Paulo: Pioneira, 1981.

FIATES, J. E. A. **Caracterização e gestão do sistema de inovação tecnológica em uma organização orientada para a competitividade**. Trabalho aprovado para obtenção do título de Mestre em Engenharia no Programa de Pós-graduação em Engenharia de Produção, na Universidade Federal de Santa Catarina. Florianópolis, 1997.

SCHUMPETER, J. A. **Teoria do desenvolvimento econômico – uma investigação sobre lucros, capital, crédito, juros e o ciclo econômico**. São Paulo: Nova Cultural, 1988.

Gabriela Gonçalves Silveira Fiates – Doutora em Engenharia de Produção pela Universidade Federal de Santa Catarina, com tese sobre o Desenvolvimento de Organizações de Aprendizagem. Atuou como engenheira na empresa Prensas Schüller do Brasil, em São Paulo, e na empresa Cerâmicas Portobello, em Tijucas. Atuou como instrutora e consultora nas áreas de gestão da qualidade e gestão empreendedora em diversas empresas em Santa Catarina, como consultora associada do Instituto de Estudos Avançados. Atuou como docente de ensino superior na Universidade do Vale do Itajaí. Atua como docente na Universidade do Sul de Santa Catarina, desde 2000. Desde março de 2005, atua como coordenadora de pós-graduação e, desde dezembro de 2005, atua como coordenadora do Mestrado em Administração da Unisul. E-mail: gabriela.fiates@unisul.br

6

Mineração do Conhecimento para a Priorização de Projetos – o Caso do Centro de Pesquisas e de Desenvolvimento da Petrobras (Cenpes)

Martius Vicente Rodriguez y Rodriguez

1. Introdução[1]

O registro de fatos e dados vem de milhares de anos, quando há 5.500 anos às margens dos rios Tigre e Eufrates os homens da época utilizavam tabletes de lama seca para registrar os tributos cobrados.

Daquela época até os dias de hoje, o que podemos ver é que, com a evolução dos recursos tecnológicos, a quantidade de dados no mundo tem dobrado a cada ano, trazendo uma grande quantidade de informações sem importância, poluindo e obscurecendo as informações realmente de grande importância para as organizações. Há casos em que a produção de informação gerada por uma organização em uma semana é bem maior do que o volume de informações que uma pessoa poderia ler durante toda a sua vida.

Com esses novos recursos tecnológicos, criou-se a possibilidade de obtenção de um conhecimento que estivesse escondido – *"hidden knowledge"* – em uma grande quantidade de dados, surgindo os conceitos de KDD – *knowledge discovery in databases* e *Datamining*. Assim, a utilização de uma base de dados contendo fatos e dados vai auxiliar na busca de uma solução, utilizando o processo de KDD, conforme definição fornecida na Primeira Conferência Internacional sobre KDD em Montreal, 1995, qual seja:

> "KDD é um processo de extração não trivial, a partir de uma base de dados, de um conhecimento implícito, previamente desconhecido e potencialmente útil".

Assim, o que veremos a seguir será a apresentação e a utilização de recursos tecnológicos que permitem extrair o conhecimento escondido em grandes volumes de dados, coletados ao longo do tempo e que, se analisados sem uma transformação e cruzamento adequado dos dados, nada poderá significar.

2. Referencial teórico

2.1 O processo de mineração do conhecimento

O objetivo do processo de KDD é a obtenção de conhecimentos escondidos nos dados, que não se podem distinguir em um primeiro momento. Assim, esse conhecimento não estará visível se for utilizada uma linguagem de consulta estruturada *Structure Query Language* (SQL) ou se analisados os dados a partir de uma ferramenta *On-line Analytical Processing Tool* (OLAP).

Nesse caso, são utilizados recursos tecnológicos de reconhecimento de padrões para a obtenção dos dados escondidos. Podem, ainda, ser utilizados referências e pontos considerados importantes para a focalização da busca e obtenção de um conhecimento ainda mais profundo (*deep knowledge*), encontrado somente em pontos específicos de conexão dos dados.

Podemos definir que a técnica de mineração do conhecimento é bastante multidisciplinar, composta por diversas especialidades, que utiliza o processo de KDD a partir de diversas tecnologias já desenvolvidas. Dentre elas, podemos citar visualizadores, sistemas especialistas, redes neuronais, banco de dados e ferramentas estatísticas.

2.2 A motivação para a mineração do conhecimento

As técnicas de mineração do conhecimento a partir de dados estruturados vêm evoluindo há algum tempo, mas somente na década de 1990 começaram a ser utilizadas. Isso ocorreu devido aos seguintes fatores:

- ***a criação de uma infra-estrutura ágil de comunicação:*** a partir de uma necessidade militar, foi desenvolvida uma infraestrutura dinâmica e flexível capaz de interligar pessoas de países e culturas diferentes, chegando não somente em cada posto de trabalho, mas também nos lares de cada uma dessas pessoas;
- ***a explosão das informações:*** estamos a cada dia sendo massacrados de todos os lados, por milhares de informações, em que a seleção daquela informação que realmente agrega valor se torna um grande desafio. Em 2001, a média de um executivo era passar de duas a duas horas e meia em frente ao computador, na grande maioria desse tempo enviando e-mails que chegavam a cada momento em sua caixa postal, a uma média de 50 a 150 por dia. Ressalte-se que esses números vêm aumentando dia-a-dia;
- ***a evolução dos recursos tecnológicos:*** destacam-se as ferramentas computacionais para o tratamento de dados, como visualizadores, estatística e algoritmos de busca e análise de dados, redes neuronais, sistemas baseados em inteligência artificial, além dos sistemas de armazenamento de dados. Durante as décadas de 1980 e 1990, os Sistemas de Gerenciamento de Base de Dados (SGBD) tiveram uma evolução nas suas funções, tornando-se extremamente seguros e confiáveis.

2.3 As técnicas de mineração do conhecimento

Há diversas técnicas computacionais que podem ser utilizadas para a mineração de dados. Observa-se que, dentre outras técnicas, os algoritmos de aprendizagem de árvores de decisão e as regras de associação são os mais adequados para a explicitação das regras de negócio. Com relação às técnicas de mineração, temos as seguintes possibilidades:

- ***aprendizagem por aproximação – K-nearest neighbor*** **(K-NN):** utiliza o conceito de vizinhança, que significa a interpretação dos registros como pontos no espaço, e os registros que estão perto uns dos outros formam cada um a sua vizinhança. Assim, a filosofia desse algoritmo é fazer o que o seu vizinho faz;
- ***o uso de árvores de decisão – decision trees:*** utiliza ***nós*** e ***ramos***, iniciando por um único ***nó,*** no qual cada nó representa um teste ou uma decisão. Dependendo da quantidade de decisões, a escolha de um ***ramo*** que encontra uma ***folha*** (***nó*** terminal), uma decisão é encontrada. Por exemplo: os leitores de uma revista com idade acima de 44 anos em que somente 1% é assinante; os com idade abaixo ou igual a 44 anos, 62% de assinantes. Nesse exemplo, se a árvore continuar a ser desdobrada, poderão vir a ser identificadas, a partir das classes de idades, outras qualificações, como estado civil, nível de escolaridade etc.;
- ***o uso de regras de associação:*** são regras que estabelecem uma correlação estatística entre as ocorrências de determinados atributos de uma base de dados. Por exemplo, 90% das mulheres com carro esporte vermelho e cachorros de pequeno porte utilizam perfume Chanel nº 5;
- ***o uso de redes neuronais:*** as redes neuronais, inicialmente, foram desenvolvidas a partir da concepção dos *percetrons* – em que duas funções matemáticas simulavam o comportamento de dois neurônios. Essa técnica evoluiu para máquinas que, de forma mais eficaz e com o uso de processamento paralelo, trouxeram topologias de processamento que operam com maior capacidade. Isso permitiu o uso de muitas funções matemáticas combinadas, simulando centenas e até milhares de neurônios.

2.4 Formas de mineração do conhecimento

A extração do conhecimento poderá ocorrer de diversas formas, que podem ser classificadas em:

- ***as orientadas à verificação:*** voltadas para pesquisa a partir de *queries* a banco de dados, utilizando ferramentas de consulta em tempo real ou programadas. A partir dessa consulta aos dados, é possível verificar se as regras ou os conhecimentos obtidos a partir da mineração do conhecimento são válidos. Isso porque, nesse caso, o comando de consulta é direcionado e formulado diretamente pelo usuário. Essa, portanto, é uma forma de consulta aos dados já existentes, nos sistemas de gerenciamento de base de dados e não traz maiores novidades.

- ***as orientadas à descoberta:*** nesse caso, a descoberta é promovida pelo aplicativo (*software*) de garimpagem do conhecimento, e não pelo usuário. Ou seja, o aplicativo procura identificar padrões de comportamento dos dados e, a partir desses, o usuário irá analisar quais são válidos e quais não são válidos para o estabelecimento de uma regra ou para a geração de um conhecimento que agregue valor ao negócio. Nesse caso, podemos classificar essas metodologias em:
  - ✓ ***descritivas:*** permitem a descrição dos dados a partir de visualizadores que possam agrupar, associar, avaliar ou sumarizar os dados. Um exemplo seria a possibilidade de visualizar em um gráfico os grupos de clientes que possuem uma determinada faixa de renda anual, que moram em determinada região e que possuem como hábito a leitura de revistas de automóveis e de esportes;
  - ✓ ***preditivas:*** a predição é a principal forma para a extração do conhecimento a partir de base de dados e da classificação com o uso de estruturas de decisão, redes neuronais, regressão estatística, entre outras formas. A predição utiliza o princípio de obter regras de negócio a partir de padrões de comportamento dos dados. Esses padrões implícitos em uma base de dados poderão ser entendidos e internalizados com o uso de uma rede neuronal, com a dificuldade de uma posterior explicitação dessas regras. De outra forma, poderão ser utilizadas as árvores de decisão para explicitar de imediato as regras de negócio, facilitando quando o objetivo for essa explicitação.

2.5 O processo de mineração do conhecimento

O processo de mineração do conhecimento a partir de dados pode ser visualizado na Figura 1, onde são explicitadas cinco grandes etapas, as quais são apresentadas a seguir:

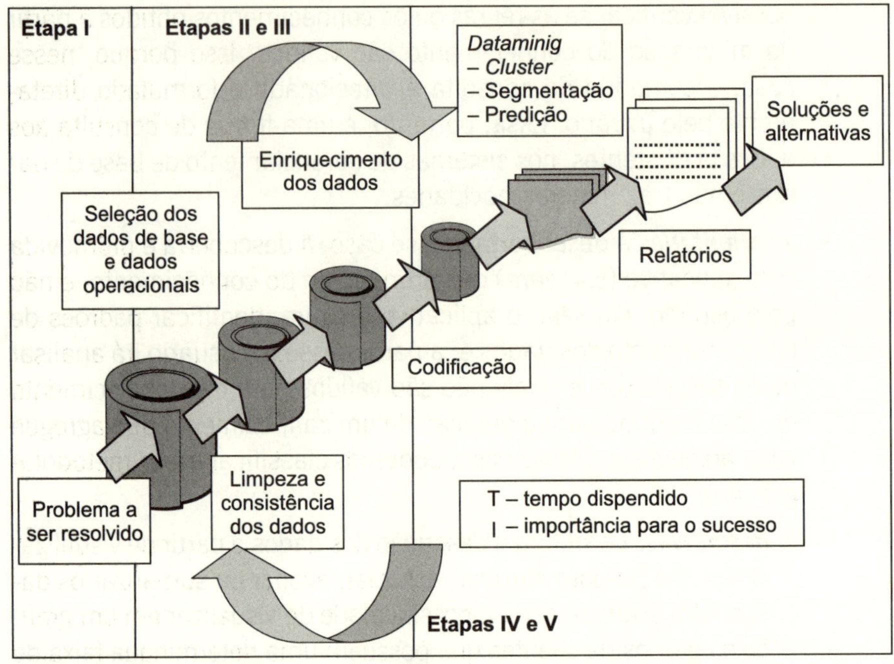

Figura 1 – Etapas da metodologia de descoberta do conhecimento.

Etapa I – Definição do problema a ser resolvido: essa etapa é uma das mais importantes em todo o processo de KDD, pois a identificação inadequada do problema certamente fará com que o resto do processo, que demandará maior tempo, seja perdido ou não aproveitado integralmente. Pode inclusive chegar a situações em que o objetivo inicialmente definido não seja atingido, sendo necessário retroceder ao ponto de partida em todo o processo.

Essa etapa representa, em média, 20% do tempo total investido no processo de KDD, e 80% em importância para o processo como um todo. Nessa fase, são também identificadas algumas ferramentas computacionais que podem ser utilizadas, porém o mais importante é efetivamente a identificação do problema e a forma como ele poderia ser resolvido, utilizando as ferramentas computacionais que estivessem disponíveis para cada fase do mesmo.

Etapa II – Seleção dos dados: no processo de seleção dos dados, as dificuldades que ocorrem são as mais diversas. Isso é reflexo da forma de como o processo evolutivo de armazenamento dos dados acontece.

Nessa etapa, alguns problemas podem ser identificados, como, por exemplo, falta de integração dos dados, falta de atualização dos dados, tempo de atualização dos dados, falta de uma visão de longo prazo, significado diferente.

Etapa III – Limpeza, consistência, enriquecimento e codificação dos dados: as etapas de limpeza e consistência dos dados, enriquecimento e codificação ocorrem de forma cíclica, e a cada ciclo uma melhoria incremental poderá ser proporcionada. Para tanto, a geração de resultados intermediários é bastante variada, a depender das análises que foram sendo efetuadas a cada momento. Cada nova análise poderá representar um novo ciclo com novos agrupamentos de dados, novas codificações e novas limpezas e enriquecimento de dados.

Assim, nessa etapa, é fundamental o conhecimento do negócio objeto de análise. Ou seja, da pessoa da área de negócio ou do analista conhecedor do negócio objeto de análise.

As etapas II e III representam, em média, 70% do tempo total do processo de KDD e 18% em termos de importância para o processo como um todo.

Etapa IV – *Datamining*: no processo de *datamining,* são construídas dezenas, ou por vezes centenas, de regras de negócio identificadas a partir das correlações entre os dados históricos. Para a obtenção dessas regras, são utilizadas as mais diversas ferramentas computacionais, desde árvores de decisão, redes neuronais, até algoritmos genéticos, entre outros. O importante, nessa etapa, é que se tenha muito claro qual a questão-problema a ser resolvida e a utilização de métodos de classificar e clusterizar os dados até que as regras comecem a surgir e façam alguma diferença.

Etapa V – Soluções e alternativas obtidas: finalmente, essas soluções e alternativas podem ser obtidas a partir de um conjunto de análises das árvores de decisão.

As etapas IV e V representam, em média, 10% do tempo total do processo de KDD e 2% em termos de importância para o processo como um todo.

3. Caso do Centro de Pesquisas e de Desenvolvimento da Petrobras (Cenpes)

O Centro de Pesquisas e de Desenvolvimento da Petrobras (Cenpes), fundado em 1966, responde às demandas tecnológicas dos órgãos ligados à *holding* e também às suas subsidiárias em toda a sua cadeia produtiva. A priorização de projetos de P&D – Pesquisa e Desenvolvimento evoluiu ao longo dos últimos anos. Passou de um modelo isolado, no qual o próprio Centro de Pesquisa definia sua carteira de projetos com base nas suas necessidades de capacitação e nas demandas pontuais dos demais órgãos da companhia, para um modelo participativo e objetivo, que envolve os segmentos de negócio da empresa e segue critérios predeterminados para comparação entre propostas de projeto.

A metodologia de priorização de projetos, utilizada pelo Cenpes, possui as seguintes características: a) os projetos de tecnologia são priorizados por meio de um fórum de especialistas composto por pesquisadores e clientes dos projetos, denominado Comitê Tecnológico Operacional (CTO); b) o processo de seleção e priorização de projetos de pesquisa é realizado com a participação de gerentes e técnicos desse mesmo Centro. A coerência das diretrizes tecnológicas, a atratividade do projeto e a sistemática de priorização dos mesmos, visa à seleção de projetos com maior impacto na área operacional da companhia.

É utilizado o método de *ranking* por *score*, que trabalha com critérios objetivos, como economicidade, abrangência etc., e subjetivos, como probabilidade de sucesso etc. Os critérios utilizados para medir a atratividade dos projetos de P&D são: a) **economicidade**, medida pela relação benefício/custo do projeto; b) **aplicabilidade**, medida pelo grau em que os resultados do projeto possuem perspectivas favoráveis de aplicação no que diz respeito ao prazo para decisão de implantação, após a conclusão do projeto; c) **grau de interesse**, medido pela perspectiva de participação do cliente no projeto; d) **probabilidade de sucesso**, medida pelo grau de certeza que o projeto tem de atingir os objetivos, em função da complexidade do tema, do grau de maturidade da tecnologia e da existência de capacitação adequada na companhia; e) **abrangência**, medida pelo número de unidades operativas que podem se beneficiar com os resultados do projeto; f) **impacto ambiental**, medido pelo grau em que os resultados do projeto impactam o meio ambiente; g) **segurança operacional**, medida pelo grau em que os resultados do projeto melhoram as condições de segurança operacional; h) **inovação**, medida pela probabilidade de o projeto gerar novas soluções tecnológicas, diferenciando a companhia frente os concorrentes.

Para a seleção e a priorização das propostas de projetos, são realizadas reuniões gerenciais, na qual participam os gerentes do Cenpes e dos Segmentos de Negócio. Nesse processo, são estabelecidas notas para os projetos de acordo com critérios de atratividade. A média final de cada projeto é classificada em A, B, C e D, e impressa conforme demonstrada na Figura 2. Em paralelo, são analisados o alinhamento dos projetos com a diretriz tecnológica suportada pelo projeto; os projetos com alta coerência com a estratégia e alto grau de atratividade são de alta prioridade.

A priorização final da carteira é feita comparando-se projeto a projeto de cada quadrante. O ajuste fino na hierarquização tem um caráter subjetivo e pode basear-se na nota de algum critério julgado de maior relevância.

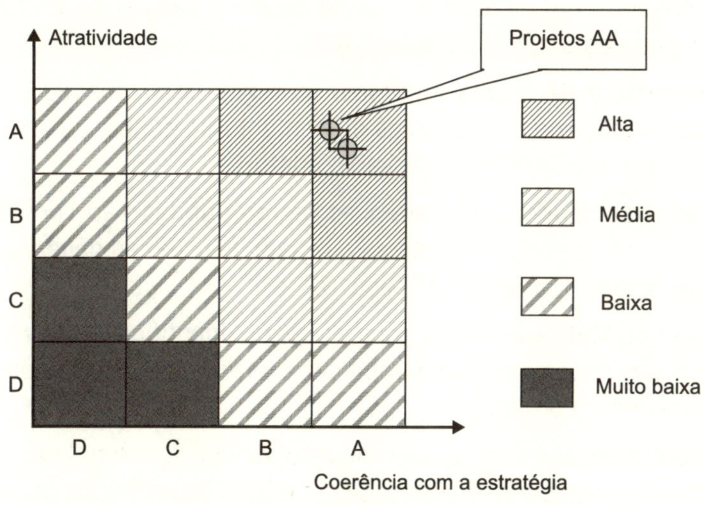

Figura 2 – Matriz de priorização dos projetos.

Os aspectos relacionados com recursos (físicos, humanos e financeiros) são levados em consideração nessa composição e priorização das carteiras, bem como a postura estratégica estabelecida para o fator tecnológico. Várias opções para execução das demandas priorizadas são analisadas, como desenvolver as atividades somente com recursos do Centro de Pesquisa, com recursos somente das unidades operacionais com consultoria do Centro de Pesquisas, ou adesão a um projeto multicliente, por exemplo.

O uso da mineração dos dados constitui, nesse caso, uma etapa quantitativa na priorização dos projetos de P&D. A partir dessa análise, são extraídas as regras de negócio que serão utilizadas na priorização dos projetos de P&D.

A extração das regras para a priorização dos projetos de P&D é realizada a partir do uso dos seguintes critérios (Han e Kamber, 2000; Nagai, 2000):

- **quanto à interessabilidade das regras:** as regras obtidas devem possuir uma lógica utilizável quando a correlacionamos ao objeto ou à questão-problema inicialmente definida, ou seja, conforme premissa utilizada, são projetos que foram concluídos e implantados ou estão em fase de implantação. Analisando as medidas de interessabilidade, deve ser verificado se as regras apresentadas "casam" com os objetivos desse caso, ou seja, auxiliam na priorização dos projetos de tecnologia;
- **cobertura de regras mínimas:** as regras selecionadas cobrem o maior número de exemplos do conjunto de dados, ou seja, representam mais de 90% desse conjunto;
- **acionabilidade das regras:** as regras obtidas são consideradas úteis ao uso pois as mesmas auxiliam os usuários na identificação de possíveis projetos de sucesso;
- **inesperabilidade das regras:** as regras identificadas devem apresentar um fator de inesperabilidade relacionado à participação dos clientes no projeto;
- **completeza:** as regras identificadas devem ser completas, no sentido de estarem relacionadas com o total de exemplos que elas cobrem dentro de um conjunto de dados;

- **precisão:** considerando os dados utilizados e o grau de precisão que se deseja no processo de seleção de projetos, as regras obtidas e consolidadas atendem plenamente ao desejado;
- **compreensibilidade:** é adequado um grau de compreensibilidade inferior a 5,0 quando utilizada a fórmula para a identificação da complexidade das regras, qual seja: 0,6 x número de regras (= 5 conjuntos de regras) + 0,4 x número médio de cláusulas (= 2,54), que é igual a 3,0 + 1,02 = 4,02. Portanto, abaixo do valor recomendado, que é de 5,0 (Han, 2000).

Com base nos dados históricos dos projetos de P&D, são identificadas as regras para a priorização dos projetos. Assim, auxilia-se o trabalho realizado pelos comitês tecnológicos que complementam o processo com o uso de critérios priorizáveis mapeados na matriz apresentada na Figura 2.

Dessa forma, as regras para priorização de projetos extraídas com o uso de técnicas de KDD enriquecem o processo tradicional de priorização da carteira de projetos de P&D. A título de exemplo, apresentamos a seguir uma regra para auxiliar a priorização de projetos:

- se a taxa de atratividade do projeto for superior a 12%;
- se o projeto for multifuncional;
- se o projeto demandar um investimento inferior a R$ 200.000,00;
- se o projeto demandar uma equipe inferior a seis pessoas;
- se o projeto demandar um prazo inferior a oito meses;
- então, a chance de sucesso do projeto será superior a 95%.

4. Conclusões

É difícil medir as atividades de P&D devido ao elevado índice de inovação e por serem exercidas por atividades não-estruturadas. Alguns consideram as técnicas de controle como inibidoras das atividades de P&D, exigindo grande criatividade, além de gerarem produtos incertos quanto ao seu retorno.

Recentemente, com as mudanças do ambiente de negócios, as companhias têm enfrentado um novo desafio, que é o aumento da efetividade dos processos de P&D. Como resultado desse processo, a condição de ter uma atividade de P&D sem fatos e dados para o adequado gerenciamento e sem um processo de controle não tem sido mais aceita.

Coopper e Kleinschmidt (1995) e Griffin (1997) mostram que as companhias de melhor desempenho já aplicam de forma explícita técnica de medição de desempenho das atividades de P&D. Outros artigos apresentados por Patterson (1983), Kuwahara e Takeda (1990), Robb (1991), Francis (1992), Foster (1996), Brown e Svenson (1988) e alguns estudos apresentados por Moser (1985) e Griffin (1993) apresentam a mesma linha de pensamento, ou seja, é necessário medir para melhor gerenciar as atividades de P&D.

Em termos práticos, realizou-se uma pesquisa com 225 gerentes de P&D, distribuídos em 44 empresas européias das áreas de: química (25%), farmacêutica (9%), eletrônica e eletrotécnica (14%), instrumentação (9%), metalúrgica e mecânica (7%), transporte (7%), alimentação (9%), construção (9%) e outras (11%). Desse total de empresas pesquisadas, 80% fazem algum tipo de medida, e aquelas que não medem deram as seguintes justificativas (Kerssens-Van, 1997):

- as atividades de P&D estão muito integradas com o processo produtivo, sendo impossível medir P&D separadamente;
- as atividades de P&D possuem uma intensidade muito limitada;
- não há interesse das principais gerências em medir P&D; o desempenho da atividade é medido de forma indireta e subjetiva;
- está ainda trabalhando em uma forma de medir as atividades de P&D.

O trabalho ora apresentado, fortemente construído a partir do conhecimento tácito de especialistas e de fatos e dados registrados ao longo dos anos, demonstra que é possível, a partir de fatos e dados e do conhecimento, identificar padrões de comportamento que possam nortear a priorização de projetos sujeitos a uma grande quantidade de variáveis endógenas e exógenas, aprimorando a cada nova medição os resultados ora obtidos.

Para tanto, é necessário trabalhar sistematicamente na estrutura dos dados a serem coletados. Dentro dessa visão futura do seu uso, este não será somente para correções de rumo específicas de cada projeto, mas também servirá para o aprimoramento na definição de padrões de comportamento e identificará com maior precisão os projetos que tendem a ser sucesso e aqueles que não o serão.

Nota

[1] Extraído do livro: Rodriguez, M. *Gestão Empresarial – Organizações que Aprendem*. Rio de Janeiro: Editora Qualitymark, 2002.

Referências

BROWN, M. G. e SVENSON, R. A. *Measuring R&D Productivity.* **Research Technology Management**, nov-dez, Industrial Research Institute, 1998.

COOPER, R. G., e KLEINSCHMIDT, E. J. *Benchmarking the firm's critical success factors in new product development.* **Journal of Product Innovation Management**, 1995.

FOSTER, T. M. *Making R&D more effective at Westing-house*. **Research Technology Management**, january-february, 1996.

FRANCIS, P. H. *Putting quality into the R&D process*. **Reasearch Technology Management**, july-august, 1992.

GRIFFIN, A. e PAGE, A. L. *An interim report on measuring product development success and failure*. **Journal of Product Innovation Management**, 1993.

GRIFFIN, A. *PDMA research on new product development practices: updating trends and benchmarking best practices*. **Journal of Product Innovation Management**, 1997.

HAN, J. e KAMBER, M. **DataMining – Concepts and Techniques**, *Academic Press*. San Diego CA, 2000.

KERSSENS-VAN, DRONGELEN, I. C. e COOK, A. *Design principles for the development of measurement systems for research and development processes*. **R&D Management**, pp. 27-4; 345-357, 1997.

KUWAHARA, Y., e TAKEDA, Y. **A managerial approach to research and development cost-effectiveness evaluation**. IEEE Transactions on engineering management, 1990.

MOSER, M. R. *Measuring performance in R&D settings*. **Research Technology Management Science**, 1985.

NAGAI, W. A. **Avaliação do Conhecimento Extraído de Problemas de Regressão**. Tese de mestrado, São Paulo – USP – São Carlos, agosto, 2000.

PATTERSON, W. C. *Evaluating R&D performance at the Alcoa Laboratories.* **Research Technology Management**, may-april, 1983.

ROBB, W. L. *How good is our research*. **Research Technology Management**, march-april, 1991.

RODRIGUEZ, M. **Gestão empresarial – organizações que aprendem**. Rio de Janeiro: Editora Qualitymark, 2002.

Martius Vicente Rodriguez y Rodriguez – Pós-doutor pela UFRJ/Harvard Business School em Gestão de Empresas, doutor em Gestão do Conhecimento pela UFRJ, mestre em Computação de Alto Desempenho pela UFRJ. Possui Master Executive em Inovação pelo MIT/Sloan; professor da UFF Departamento de Administração; professor convidado da FGV; presidente da Comissão de Petróleo e Gás da Câmara de Comércio do Estado do Rio de Janeiro; coordenador de Gestão Tecnológica pela Petrobras. Atuou na Petrobras como gerente de Planejamento de RH, gerente de Tecnologia de Informação de Exploração e Produção, gerente de Gestão e Organização, gerente de Desenvolvimento de Executivos da Universidade Petrobras. Autor de mais de dez livros sobre gestão empresarial, gestão de mudanças, gestão do conhecimento. E-mail: martius@petrobras.com.br

7

Gestão Empreendedora e Aprendizagem Organizacional – o Caso de uma Organização Hospitalar Dedicada à Saúde Mental

Alfredo Emmerick
Heitor José Pereira

1. Introdução

O Hospital Nossa Senhora da Luz, em Curitiba, está voltado, desde 1853, à restauração da saúde de portadores de transtornos mentais. Funcionou, na cidade, como primeira instituição hospitalar, embora a fundação oficial e a inauguração de sede própria tenham ocorrido apenas em 1903. Estruturado de acordo com o modelo de gestão das Santas Casas, caracterizado por se sustentar em doações de pessoas físicas e jurídicas, bem como em subvenções governamentais, viu-se inviabilizado a partir das mudanças de critérios de estruturação das políticas públicas de saúde na Constituição Federal de 1988, com o Sistema Único de Saúde e com as políticas de desospitalização dos portadores de transtornos mentais.

Para superar problemas de sustentabilidade, em 1999, estabeleceu parceria com uma universidade particular e buscou novo modelo de gestão de características empreendedoras e procurou implantar a gestão de competências e a aprendizagem organizacional. Desde então, está em transição de um centenário modelo clínico asilar manicomial para um modelo assistencial de serviços externos, baseado no atendimento ambulatorial, em oficinas terapêuticas e no hospital-dia. Adotou a estrutura de Unidades de Negócios, definidas a partir de macroprocessos (de pacientes internos, de pacientes externos e de serviços de apoio). Possui cinco Unidades de Internação, uma Unidade de Cuidados para usuários de drogas, um Ambulatório de Saúde Mental e o Hospital-dia.

Os progressos nas atividades do hospital constituem troca de paradigmas quanto aos cuidados à saúde mental, quanto às práticas de gestão e às relações profissionais. Agora, são buscados aprimoramentos contínuos para a assistência, o ensino e a pesquisa. A organização procura tornar-se, nesses novos momentos, uma organização voltada para a aprendizagem.

2. Referencial teórico

2.1 Troca do estado de competências é condição para a mudança organizacional

A mudança organizacional é um processo de troca de um estado de competências por meio da aprendizagem. Não é uma determinação gerencial (Leitão e Rousseau, 2004, p. 697). A mudança organizacional não se dá por decisões, mas se realiza de forma processual. É uma articulação coletiva, pois qualquer ser humano não se faz no isolamento. O ser humano é relacional.

Mudança organizacional requer aprendizagem. Não basta elaborar estratégia para a mudança, pois tem de haver concomitantemente definição de competências para implementá-la, bem como a adoção da aprendizagem permanente acoplada ao modelo de gestão (Fleury e Fleury, 2001, p. 11).

2.2 Modelo de gestão é conjunto de conhecimentos, habilidades e atitudes

Modelo de gestão é o conjunto de conhecimentos que os membros têm sobre sua organização (Pereira e Santos, 2001, pp. 62-63). É, simultaneamente, um conjunto de práticas resultante da aplicação desses conhecimentos, guiado pela expressão ética das opções atitudinais feitas pelos seus colaboradores, particularmente os seus gestores. O grande desafio da mudança do modelo de gestão é viabilizar a aprendizagem organizacional, de forma a mudar o estado de conhecimento e alcançar as competências críticas que criam a diferenciação dos produtos e serviços para os clientes.

A integração sinérgica do conhecimento (saber o quê e saber por que), da habilidade (saber como) e da atitude (saber querer) define a possibilidade de ampliação e de maximização da utilidade que suas competências permitem oferecer ao mercado. A percepção da organização como coletivo de competências é fundamental para adquirir clareza quanto aos avanços que a Gestão do Conhecimento e da aprendizagem permitem conquistar.

2.3 Gestão empreendedora é a que consegue entregar utilidade

Para ser empreendedora, uma organização precisa de efetiva democracia e poder real de participação dos profissionais. Cabe aos gestores desencadear, fortalecer e recompensar a aprendizagem para as competências (Pereira, 1995, p. 115).

O profissional competente é o que produz utilidade ao criar excelência para o cliente e resultados para a organização. Competência é utilidade.

O profissional só pode ser competente se a organização for competente. Do profissional se requer conhecimentos, habilidades e atitudes afinados com a missão organizacional. A organização deve oferecer, em troca, compromissos, desafios e oportunidades.

Para realizar sua missão, as organizações (os hospitais, em especial) põem em ação processos produtivos por meio dos quais as competências dos colaboradores são aplicadas no desenvolvimento de produtos e serviços que criam utilidades econômica e social que são entregues às pessoas, às organizações e ao conjunto da sociedade (Figura 1). Esse processo concomitante, integrado e interativo toma vida na prática efetiva do trabalho e constitui o espaço em que se dá a verdadeira aprendizagem.

Tendo em conta que os hospitais prestam serviços de cuidados à saúde, cuja qualidade se evidencia no processo, esse é o foco da aprendizagem, porque é no processo que são aplicadas as competências e é nele que se dá a ação multidisciplinar integrada e a aprendizagem pela atuação conjunta dos membros da equipe. A interseção da missão, dos processos e das competências define uma área comum de utilidade. A tarefa do gestor é viabilizar o ambiente de aprendizagem.

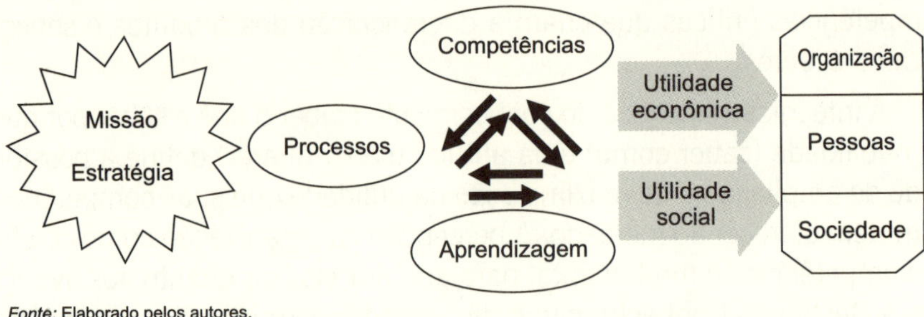

Fonte: Elaborado pelos autores.

Figura 1 – As competências e a aprendizagem como definidoras da utilidade.

2.4 O conhecimento não é uma coisa

A Gestão do Conhecimento não tem como centro das atenções a propriedade do conhecimento. Sua prioridade é a aprendizagem porque, para as organizações, o mais importante é a criação e a disseminação do conhecimento. O conhecimento verdadeiro não é uma coisa. É uma condição de vida e um estado de ser, imaterial e intangível.

O conhecimento materializado em produtos e serviços, normas e regulamentos, documentos em arquivos, patentes e registros de propriedade intelectual expressa o passado da organização. Esta produz mais e melhor e mantém vigor em seus esforços de concorrência quando desenvolve, como fator estratégico, a inovação dos conhecimentos, das habilidades e das atitudes; quando dá destaque à aprendizagem coletiva. A complexidade atual do ambiente de negócios exige competências complexas. É pela aprendizagem que as inteligências orquestradas em equipe potencializam a busca das competências mais bem afinadas com os propósitos organizacionais. É a aprendizagem que coloca a organização no rumo do futuro.

2.5 A gestão do conhecimento é mais que cuidar do conhecimento atual

Os gestores organizacionais têm dirigido seu interesse ao aspecto material do conhecimento. Acreditam que é prioritário tangibilizá-lo, colocá-lo em um arquivo, obter dele uma patente. No entanto, a propriedade intelectual é frágil, porque há mecanismos como o *benchmarking*, a inteligência competitiva, a engenharia reversa, a espionagem, a pirataria e o *brain drain* que permitem sua cópia. Maior valor tem a capacidade coletiva de aprendizagem, da qual é difícil apropriar-se.

Cada organização é única, por representar uma forma particular de conhecimento do mundo construída na interação dos colaboradores entre si e com o ambiente. Qualquer organização funciona com base nas competências diferenciadas que desenvolve.

2.6 Cada organização é uma usina de conhecimento

É nos processos reais de trabalho que são elaborados os conhecimentos relevantes para a organização. É no enfrentamento dos desafios e na solução de problemas em equipe que a organização consegue produzir mais e melhor. A estratégia mais certeira é reconhecer a capacidade de produzir o conhecimento como fator estratégico.

Os processos de transformação organizacional devem instituir-se como coletivos de aprendizagem. No caso dos hospitais, deve ser desenvolvida dinâmica permanente de aprendizagem e mudança (Fleury e Fleury, 1997, pp. 11 e 21-22), com a construção conjunta de mapas cognitivos e a aplicação coletiva das competências, de forma a propiciar utilidade e valor para os enfermos, sua família e para a comunidade, sob a forma de restauração do bem-estar e reintegração produtiva à sociedade.

2.7 Cada empresa deveria ser uma escola?

As organizações são grandes processos pedagógicos. Cada profissional é, ao mesmo tempo, educador e aprendiz, ainda que nem sempre tenha consciência desse fator. A aprendizagem organizacional se expressa como capacidade que a organização tem de adquirir competências por meio de interações de colaboradores ou pela apropriação interna de competências adquiridas externamente. Aprendizagem organizacional é, ainda, modificar a forma de funcionar de acordo com essas competências.

Desde a Revolução Industrial, as relações formadoras nas organizações foram carregadas de assimetria e desprezo pelo trabalhador, visto como incapaz mental ou aberrante moral, portador de vadiagem premeditada (Taylor, 1990, pp. 27-35). O dever da chefia era manter proximidade controladora. A grande contribuição de Taylor foi formular suas propostas para a gestão e a produção a partir de uma ideia sobre como as pessoas deveriam ser ensinadas. Ele produziu mais que definições sobre processos produtivos ou sobre técnicas de gestão. Elaborou, sobretudo, uma Pedagogia para a organização.

O projeto pedagógico caracteriza a gestão da organização. Modelos de gestão autoritários, usualmente, recorrem a atividades adestradoras. Modelos de gestão democráticos trazem práticas efetivas de aprendizagem em equipe que contribuem para a mudança do estado de conhecimento, o abandono de competências superadas e a construção de novas competências, estas ajustadas ao desempenho nos processos e à entrega de utilidade e valor.

A aprendizagem organizacional é aquela realizada por meio do trabalho em equipe, pois "se as equipes não tiverem capacidade de aprender, a organização não terá" (Senge, 1998, pp. 43-48 e 372). A Equipe é a unidade fundamental de trabalho e de aprendizagem em organizações. Organização que aprende é perspectiva filosófica ou atitude mental que se materializa no processo cotidiano de trabalho.

2.8 O hospital como organização empresarial

Como instrumento terapêutico, o hospital é invenção do fim do século XVIII, quando a Medicina se tornou hospitalar (Foucault, 2000, pp. 99-111), sob a autoridade do médico e uma perspectiva de caridade para com os miseráveis enfermos. A ausência de uma abordagem empresarial da atividade hospitalar levou a inadequada atenção aos custos e à baixa qualidade do controle do trabalho e da infraestrutura.

Em tempos mais recentes, têm-se atribuído a fonte dos problemas da indústria hospitalar à mercantilização da saúde, à invasão tecnológica e ao tratamento meramente comercial da oferta de medicamentos. Ademais, ao adotar critérios curativos com base em sofisticação tecnológica, cria-se problema de sustentabilidade pelos altos custos da infraestrutura e pelo baixo poder remuneratório direto da população.

No Brasil, adiciona-se o fato de que a atividade de cuidados à saúde é tarefa do poder público, com caráter preventivo, segundo norma constitucional. Isso faz com que o comércio de serviços de cuidados à saúde seja feito por organizações que atuam como concessionárias ou permissionárias do Estado, o qual define as regras de atuação e de remuneração.

Há permanente choque entre o interesse privado pelo lucro nessa atividade mercantil e o dever público de fixar parâmetros e critérios de qualidade com limitadores de preços remuneratórios.

3. Caso do Hospital Nossa Senhora da Luz, de Curitiba

Inaugurado em 1903, o Hospital Nossa Senhora da Luz abrigava doentes mentais, vagabundos, mendigos, alienados, delinquentes, viciados, idosos e indigentes, promiscuamente misturados com crianças e mulheres com transtornos. Era mais uma prisão que local de atenção à saúde.

Os médicos exerciam poder clínico e administrativo completo. Faziam caridade com apoios inconstantes dos governantes. A pobreza de recursos decorria da insignificância dos auxílios ofertados pela comunidade e pela omissão do Estado. Somente a partir de 1925, o Estado passou a assumir o suprimento de recursos para a atividade de cuidados à saúde.

Com a Constituição de 1988, completou-se a progressiva definição da saúde como direito de cada cidadão e dever do Estado. Paralelamente, as Leis da Reforma Manicomial (de 1995 no Paraná e de 2001 no Brasil) impuseram a desospitalização e a redução da quantidade de leitos em hospitais psiquiátricos. Em decorrência, a forte redução da clientela internada (Gráfico 1) e a redefinição dos critérios de remuneração agravaram a crise de sustentabilidade, tornando inviável a sobrevivência autônoma e impondo redefinições na gestão e nos critérios de atuação.

Para recuperar o equilíbrio orçamentário, consolidar o hospital e alcançar a modernização administrativa, o hospital fez uma aliança estratégica com entrega do comando a uma parceira com atuação na área hospitalar e de ensino.

As decisões aprovadas no Projeto de Reestruturação definiram opção pela Gestão Empreendedora, com fundamento em direcionamentos estratégicos; estabelecimento de planejamento estratégico; descentralização da decisão e adoção da administração participativa; incorporação de estruturas de unidades gerenciais de negócio; direcionamento do foco ao processo; adoção de programa de qualidade; descentralização administrativa; redução dos níveis da estrutura hierárquica.

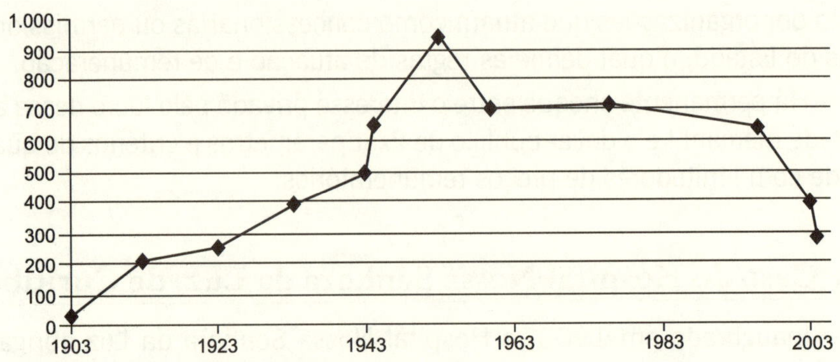

Fonte: Autores a partir de relatórios do Hospital e da Mantenedora.

Gráfico 1 – Evolução dos internamentos no Hospital Nossa Senhora da Luz, de 1903 a 2003.

Acresceram-se a profissionalização da gestão, a separação entre a gestão clínica e a gestão administrativa, aquela sob o comando desta.

O redesenho estrutural fixou os macroprocessos (pacientes internos, pacientes externos e apoio administrativo), instituiu as unidades estratégicas de negócio e posicionou três níveis de hierarquia (diretoria estratégica, gestores de macroprocessos e gerências de unidades de negócio). As ações de cuidados foram definidas em torno dos processos especializados atendidos por equipes multidisciplinares.

Para superar a centenária inexistência da aprendizagem na organização, introduziu-se a prática inicial (1999) de desenvolver competências de gestão para os líderes de unidades, por meio de formatação customizada em cursos de pós-graduação desenvolvidos externamente, com foco nos aspectos burocráticos da gestão. Prevalecera, até então, a segmentação do trabalho em cargos e funções, com o comando do grupamento dos médicos e com a subordinação operacional às irmãs enfermeiras. As aprendizagens eram acidentais e sem qualquer vínculo com a estratégia. As equipes foram estruturadas em coletivos multidisciplinares (integrados por psiquiatras, clínicos, psicólogos, enfermeiros, agentes sociais, higienizadores etc.) de grande autonomia coletiva de atuação clínica, mas de escassa contribuição para os processos de gestão administrativa.

Em outro momento (2004), definiu-se a busca da potencialização das competências e a cultura da aprendizagem contínua como parte do trabalho. Atribuiu-se, ao gestor, a responsabilidade de ser o agente pedagógico para o desenvolvimento das pessoas.

Na prática, por consequência do vínculo do Hospital com uma universidade, os gestores atuam no levantamento de necessidades formadoras e no acompanhamento das formações desenvolvidas externamente ao Hospital. As atividades formadoras são externas. Internamente, as atividades multidisciplinares existem e são efetivamente exercidas, restritamente, aos aspectos técnicos dos cuidados clínicos.

A gestão administrativa fica concentrada na cúpula gestora. A configuração estrutural em Unidades Gerenciais introduz, de forma efetiva, a ação por processos de cuidados e a participação nos aspectos técnicos da gestão de cuidados clínicos, mas mantém centralizada a gestão administrativa. Em síntese, a gestão não é democratizada; apenas as atividades clínicas são realizadas em equipe multidisciplinar e criam aprendizagem efetiva.

4. Conclusão

O Hospital Nossa Senhora da Luz conseguiu superar as práticas de gestão seculares, caracterizadas por ausência de explicitação de estratégias, estruturas e práticas que dessem conta das demandas peculiares a cada momento histórico. A sobrevivência decorreu de facilidades ambientais, as quais, quando esgotadas, impuseram o desencadeamento de uma revolução interna.

Ao se propor uma gestão de características empreendedoras e ao formular seus parâmetros de modo objetivo, o Hospital pôde conquistar avanços que o conduziram de uma mentalidade pré-taylorista para um conjunto de definições e práticas de gestão bastante avançadas.

Deixou de atingir a completude de realização de seus propósitos por não ter colocado a aprendizagem organizacional como componente central do modelo de gestão empreendedora. O novo modelo fez da equipe o espaço real de aprendizagem. No entanto, limitou a busca da excelência ao aspecto técnico das práticas clínicas. O destaque dado ao poder dos gestores para a elaboração da estratégia, a tomada de decisões administrativas e o direcionamento e controle das atividades das equipes restringem as possibilidades de se alcançarem a democratização, horizontalização e participação.

Ao proceder dessa forma, deixou de fora o aspecto crucial para o desenvolvimento pleno das competências individuais e das competências essenciais, capazes de assegurar a sustentabilidade e de viabilizar a permanência do Hospital. Criou, porém, uma janela de oportunidades para novos avanços.

Referências

FLEURY, A.; FLEURY, M. T. L. **Aprendizagem e inovação organizacional. As experiências de Japão, Coreia e Brasil**. 2ª ed. São Paulo: Atlas, 1997.

_________. **Estratégias empresariais e formação de competências. Um quebra-cabeça caleidoscópico da indústria brasileira**. 2ª ed. São Paulo: Atlas, 2001.

FOUCAULT, M. **História da loucura**. 6ª ed. São Paulo: Perspectiva, 2000.

LEITÃO, S. P.; ROUSSEAU, K. *Introdução à natureza da mudança transformadora nas organizações na perspectiva da Biologia Cognitiva*. In: **Revista de administração pública**. v. 38, n. 5. pp. 683-710, set./out. 2004.

PEREIRA, H. J. **Os novos modelos de gestão. Análise de algumas práticas em empresas brasileiras**. Tese de doutorado. Área de concentração: Organização e recursos humanos. Escola de Administração de Empresas de São Paulo. Fundação Getúlio Vargas, 298 f. São Paulo, 1995.

PEREIRA, M. I.; SANTOS, S. A. **Modelo de gestão: uma análise conceitual.** São Paulo: Pioneira; Thomson Learning, 2001.

SENGE, P. **A quinta disciplina. Arte e prática da organização que aprende**. 2ª ed. São Paulo: Best Seller, 1998.

TAYLOR, F. W. **Os princípios da administração científica**. 10ª ed. São Paulo: Atlas, 1995.

Alfredo Emmerick – Mestre em Administração (PUC-PR). Especialista em Magistério Superior (IBPEX 2002) e Gestão Hospitalar (IBPEX). Bacharel em Direto (UEL) e em Administração (FIC-Aena). Licenciado em Letras Angloportuguesas (Unopar). Professor, educador Corporativo (Banco do Brasil). E-mail: aemmerick@yahoo.br

Heitor José Pereira – Doutor em Administração pela Escola de Administração de Empresas de São Paulo da Fundação Getúlio Vargas – 1995; Professor Titular da PUC-PR. Presidente da (SBGC) Sociedade Brasileira de Gestão do Conhecimento. E-mail: heitorrh@gmail.com

8

Comunidades de Prática Internas e Externas – o Caso Boticário

Daniele Comarella
Faimara do Rocio Strauhs

1. Prolegômenos

O compartilhamento de informações e conhecimento, bem como a aprendizagem organizacional são processos dinâmicos diretamente relacionados com a ação humana, influenciados por fatores pessoais, motivacionais e emocionais que cada indivíduo traz ao meio no qual está inserido. Nessa dinâmica, existem elementos facilitadores e inibidores no processo de aprendizagem organizacional que são gerados no âmbito do indivíduo ou em sua comunidade, partindo-se aqui do pressuposto que o que move e otimiza essa mesma comunidade é o aprendizado construído socialmente.

Como fomentadores do processo de criação de conhecimento, podem ser citadas características de uma comunidade bem-sucedida, em especial a participação do indivíduo, suas conexões, sua identidade com o ambiente e a criação de valor que apontam para o conceito de comunidades de prática.

O objetivo do presente estudo é identificar em uma organização do ramo de cosméticos e higiene pessoal, com base em um estudo de caso, quais os reais elementos existentes, daqueles propostos na literatura, fomentadores do processo de criação do conhecimento organizacional que levam ao nascimento de uma comunidade de prática.

2. Referencial teórico

2.1 Aprendizagem organizacional e seus elementos fomentadores

Aprendizagem organizacional, de acordo com Senge (1999), é o processo contínuo de detectar e corrigir erros. Errar significa aprender e envolve a autocrítica, a avaliação de riscos, a tolerância ao fracasso e a correção de rumo, até alcançar os objetivos.

Ainda, aprendizagem organizacional é a capacidade das organizações de criar, adquirir e transferir conhecimentos e modificar seus comportamentos para refletir esses novos conhecimentos e *insights*. Nessas organizações, os trabalhadores contribuem para o desempenho da empresa por meio da aplicação dos seus conhecimentos e das suas habilidades em resolver problemas e inovar constantemente.

Criam-se, então, as organizações que aprendem e geram conhecimento. Tais organizações são mais flexíveis, adaptáveis a mudanças e mais capazes de se reinventarem (Fleury, 2001, p. 38).

Nesses ambientes, o conhecimento não é criado, unicamente, de forma individual; parte-se do pressuposto que é um fenômeno social, como apontado por Wenger (1998), estruturado em uma teoria social de aprendizagem, apoiada em duas grandes vertentes; a) uma tradicional, apoiada na prática social, mas também na construção de uma identidade própria (teoria da prática, teoria da estrutura, teoria da identidade e teoria da experiência situada); b) uma vertente intermediária (teoria do significado, teoria da coletividade, teoria do poder, teoria da subjetividade), que aporta conceitos de coletividade, subjetividade e poder. A primeira aborda disciplinas cuja influência está refletida no próprio trabalho do indivíduo, e a segunda aponta para os bastidores da sua atividade principal.

Ao tratar da aprendizagem e de um de seus *locus*, a organização que aprende, permite apreender, parcimoniosamente, a essência conceitual de comunidades de prática e seus benefícios organizacionais.

2.2 Comunidades de Prática e a Teoria Social da Aprendizagem

O termo "Comunidade de Prática" (CoP) foi criado em 1991 por Jean Lave e Etienne Wenger ao estudarem como as pessoas aprendem. Eles constataram que o aprendizado vai além de um relacionamento entre um estudante e um mestre, revelando uma atividade social, que se dá mais efetivamente por meio da troca de ideias em grupo, seja de forma presencial, seja de forma virtual (Wenger, 1998, 2004).

Comunidades de prática apóiam-se em três elementos sinérgicos: o **domínio** de determinada área do conhecimento; o compartilhamento das **práticas** advindas desse conhecimento em um ambiente caracterizado, como a **comunidade**.

O **domínio** do conhecimento e a possibilidade do seu compartilhamento criam a noção da identidade, diminuindo a complexidade de pertencer a um grupo, relacionada diretamente com as questões de gênero, etnia, idade e outras formas de categorização social. A Teoria da Identidade, estudada em autores como Levi-Strauss (1959), Linde (1993), Sullivan (1993) e Eckert (1989) *apud* Azevedo (2004), entre outros, aponta para a tomada de consciência de pertencer ou não pertencer a um grupo criando noções de engajamento e comprometimento.

A **prática** conjuga estruturas, ideias, ferramentas, informações, estilos, linguagens, estórias e documentos que os membros da comunidade compartilham e cria **significado** a partir das experiências de vida. Teorias do Significado tentam considerar como as pessoas constroem suas interpretações do mundo e como a noção de produção de significado está ligada à habilidade de possuir significados, envolvendo questões de participação social e relações de poder de forma fundamental.

Wenger (1998, p. 72) associou **prática** à **comunidade,** resultando em duas coisas:

- uma caracterização mais específica e amigável do conceito de prática em particular, por distingui-la de termos menos amigáveis, e mais polêmicos, como cultura, atividade ou estrutura. Essa caracterização mais tratável se dá pela discussão dos termos que falam a respeito de recursos históricos e sociais compartilhados, estruturas e perspectivas que possam sustentar engajamento mútuo em ação;

- definição de um tipo especial de comunidade, **a comunidade de prática**.

A **comunidade de prática** "cria a estrutura social de aprendizagem" (Wenger *et al*, 2002, p. 28). A perspectiva conceitual das teorias sociais de aprendizagem vem do princípio em que, havendo interação social, essas relações interpessoais envolvem imitação e modelamento, podendo resultar em aprendizagem. O foco são processos cognitivos em que a observação pode ser uma fonte de aprendizagem. Aplica-se, dessa forma, a compreensão dos mecanismos detalhados de processamento de informações em que interações sociais afetam o comportamento, em especial, reforçando comportamentos de busca de informação e conhecimento (Bandura, 1977).

Na Figura 1 observam-se os três componentes cruciais das comunidades de prática e o aparecimento da questão da criação do conhecimento novo, via a experimentação.

Ampliando-se o escopo aportado a partir da Teoria Social da Aprendizagem, conjuga-se ao modelo a questão dos mecanismos de coesão social que produzem configurações como as comunidades, as famílias e outros agrupamentos humanos ao longo do tempo – a solidariedade, os acordos, as intenções mútuas de ajuda e a afinidade, entre outros, que embasam a Teoria da Coletividade. Nesses grupos, o grande desafio é contornar as questões de poder, estudo crucial nas teorias sociais, criando a conscientização de uso do poder (dominação, opressão ou violência *versus* alinhamento contratual ou acordos coletivos, por exemplo).

A estrutura inicial apoia-se na busca no engajamento, traduzido pela teoria da subjetividade, ligada à inerente busca pelo significado aportado pela prática da interatividade social.

Da vertente tradicional surgem as teorias das estruturas, da identidade, da prática, já comentadas, bem como, a experiência situada, privilegiando a dinâmica do cotidiano, a improvisação, a coordenação e até

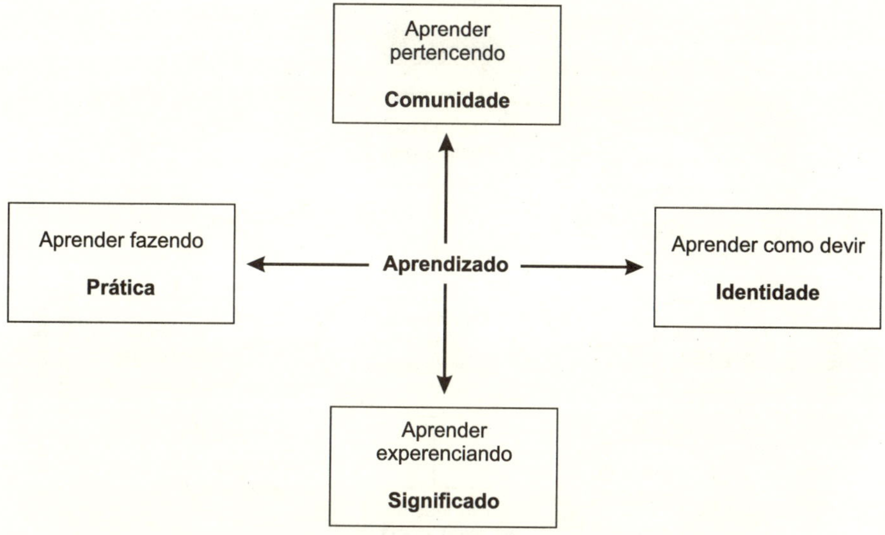

Fonte: Adaptado por Bonzani (2004), de Wenger (1988, p. 5).

Figura 1 – Componentes de uma Teoria Social do Aprendizado.

mesmo a coreografia internacional. Assim, focalizam-se as interações do indivíduo com o seu meio ambiente, na experiência e na construção local de eventos individuais ou interpessoais.

Das vertentes intermediárias das teorias sociais aportam-se as questões do poder, da subjetividade, do significado e da coletividade. Nesse ambiente, que se assemelha a um ***bouillon de culture***[1], acredita-se ter como apoiadores das comunidades de prática um eixo apoiado nas estruturas e nas práticas sociais e outro que busca a identidade no processo da negociação social, sem prescindir de um multifacetado contexto de construção coletiva do saber (Figueiredo, 2000).

As relações existentes entre a teoria social de aprendizagem (Wenger, 1998) e seus apoiadores nos níveis de colaboração do indivíduo e da própria cultura organizacional, são os elementos fomentadores do processo de manutenção das comunidades de prática e, portanto, apoiadores da criação do conhecimento organizacional, podem ser visualizados na Figura 2.

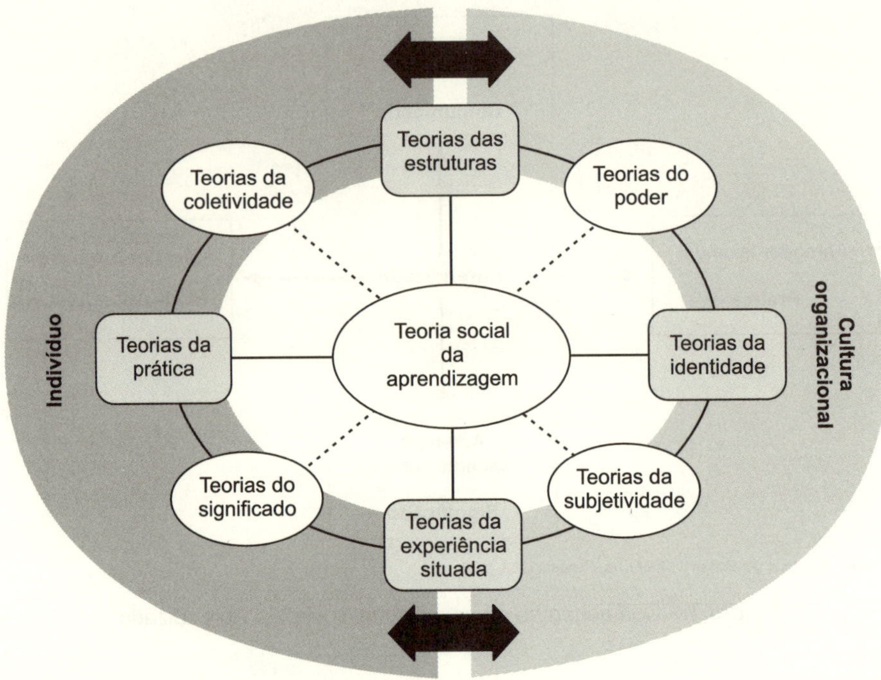

Fonte: Figueiredo (2000) adaptado de Wenger (1998).

Figura 2 – Apoiadores do Processo de Aprendizagem Organizacional em um ambiente de Comunidade de Prática.

3. Caso Boticário – estrelas nascentes: cronologia do surgimento de uma CoP Interorganizacional

O Boticário é uma indústria localizada na Grande Curitiba, de capital 100% nacional, atuante no segmento de cosméticos e higiene pessoal. Criada em 1987 para atender, inicialmente, à região central da cidade, hoje atende não só mais de 2 mil pontos do território nacional, como também está presente em todos os continentes.

Em meados de junho de 2003, foi definida uma ação de Revisão de Processos como um dos produtos do Planejamento Estratégico, visando repensar o modelo de negócios e também subsidiar a implantação de um novo ERP com agilidade e rapidez, considerando a mudança de plataforma tecnológica. Com a finalidade de dirimir dúvidas internas e agilizar o processo, criou-se um grupo do qual participavam oito membros; destes, dois eram do corpo diretivo da organização, quatro do nível executivo gerencial e dois do nível intermediário, atuantes como consultoria interna, tendo como domínio a Gestão do Conhecimento Organizacional.

Durante o primeiro semestre de 2004, foram realizados trabalhos de modelagem de processos, permitindo a introdução de novos processos organizacionais e maior alinhamento do fluxo de informações. O segundo semestre foi destinado à elaboração dos planos de ação corporativos e à implantação do novo sistema de informações nos processos que puderam ser automatizados. As atividades consideradas parte do macroprocesso de Gestão do Conhecimento e Orientação Estratégica foram organizadas de tal forma a maximizar os resultados organizacionais, integrando equipes e fornecendo uma visão holística e estruturada de todas as interfaces da organização com seus *stakeholders*.

Ao final de 2004, a iniciativa de montar uma Comunidade de Prática, experimentada por alguns colaboradores da organização de forma pontual em 2003, passou a fazer parte de um modelo de gestão corporativo. Isso porque a estruturação de Comunidades de Prática ganhou o *status* de Atividade dentro da Arquitetura de Processos Organizacionais.

Em janeiro de 2005, foi aprovada a primeira Comunidade de Prática mista, formada por profissionais internos e externos provenientes de outras organizações, cujo domínio era Gestão por Processos. O propósito inicial foi de estruturar uma rede de relacionamentos, formada por organizações preferencialmente de Curitiba e região metropolitana, no tema Gestão por Processos e assuntos afins, proporcionando compartilhamento de informações e desenvolvimento do público participante, compreendido por profissionais que atuam em Gestão por Processos em suas organizações.

4. Considerações finais

No início, eram oito colaboradores de uma mesma empresa buscando o desenvolvimento de soluções internas para a Gestão do Conhecimento Organizacional. A essa iniciativa, aderiram três grandes empresas da região metropolitana de Curitiba. Atualmente, após dois anos de funcionamento, houve a adesão de membros de outras grandes empresas, em um processo contínuo de expansão. Atividades como eventos presenciais têm fortalecido o relacionamento dos membros, que interagem, também, virtualmente com a utilização de uma ferramenta de *e-learning*.

Novas atividades foram incorporadas, como a participação pontual de especialistas por meio de fóruns de discussão, *chats* e palestras presenciais. Como fruto dessa interação, estão sendo coletados *cases* de diversas empresas no domínio Gestão por Processos e suas interfaces, mediante temas mensalmente definidos e planejados. Questionários são elaborados, discutidos e compartilhados para que a forma de atuação das várias empresas, com relação aos temas abordados, possa servir de catalisador do processo de aprendizagem.

Vale a pena ressaltar algumas considerações quanto aos resultados desse empreendimento, como, por exemplo: a) a importância do querer fazer, frente o saber fazer; b) o baixo custo envolvido nesse tipo de iniciativa, exceto pelo investimento em tempo dos profissionais envolvidos; c) a estruturação de uma ampla rede de relacionamento, possibilitando maior capilaridade na aquisição de novos conhecimentos, bem como a sua geração; d) a agilidade e facilidade fornecidas por ferramentas de Tecnologia de Informação e Comunicação (TICs) proporcionada para comunidades geograficamente dispersas; e) a atualização constante do profissional participante; f) o desenvolvimento e a habilidade no trato e no relacionamento interpessoal. Salienta-se, finalmente, a estrutura remanescente via repositórios e base de dados de Gestão de Processos disponível para os membros da CoP em Gestão por Processos.

Nota

[1] Meio favorável ao aparecimento e desenvolvimento de novas vidas, conhecimentos ou ideias, entre outros.

Referências

ARGYRIS, C. Double loop learning in organizations. **Harvard Business Review**, sep.-oct., 1977, pp. 115-125.

______; SCHÖN, D. **Organizational learning: a theory of action perspective**. Massachussets: Addison-Wesley, 1978.

AZEVEDO, Hilton. **Notas de aula**. Curso de Especialização em Gestão do Conhecimento nas Organizações. Disciplina Introdução à Gestão do Conhecimento, PPGTE/Cefet-PR, 2004.

BANDURA, A. Self-efficacy: Toward a unifying theory of behavioral change. **Psychological Review**, n. 84, v. 2, 1977, pp. 191-215.

BOLZANI, Jr. G. M. **Aprendizado em Comunidades de Prática como fator estruturante de processos participativos de inovação e desenvolvimento local: estudo de caso a implantação da metodologia DTR em São Mateus do Sul-PR**. 2004, 259 f. (Dissertação) Mestrado em Tecnologia – Programa de Pós-graduação em Tecnologia, Centro Federal de Educação Tecnológica do Paraná, Curitiba, 2004.

COMARELLA, D.; STRAUHS, F. R. Comunidades de prática: CoPs como ferramenta para a gestão do conhecimento e aprendizagem. In: **Congresso Iberoamericano de Gestão do Conhecimento e Inteligência Competitiva**, 1/Congresso Anual da Sociedade Brasileira de Gestão do Conhecimento, 5, 2006, Curitiba. Anais Eletrônicos. São Paulo: Sociedade Brasileira de Gestão do Conhecimento, 2006.

FIGUEIREDO, A. D. de. Redes e educação: a surpreendente riqueza de um conceito. In: **Conselho Nacional de Educação** (2002), Redes de Aprendizagem, Redes de Conhecimento, Conselho Nacional de Educação, Ministério da Educação, ISBN: 972-8360-15-0, Lisboa, maio de 2002.

FLEURY, M. T. L.; FLEURY A. **Aprendizagem e inovação organizacional**. São Paulo: Ed. Atlas, 1995.

FLEURY, M. T. L.; OLIVEIRA. M. M. Jr. **Gestão estratégica do conhecimento: integrando aprendizagem, conhecimento e competência**. São Paulo: Ed. Atlas, 2001.

GOUVEA, M. T. A. **Um modelo para fidelização em comunidades de prática**. 2005, 199 f. (Dissertação) Mestrado em Informática – Programa de Pós-graduação em Informática, IM/NCE. Universidade Federal do Rio de Janeiro, Rio de Janeiro, 2005.

KROGH, V. G.; ICHIJO K.; NONAKA, I. **Facilitando a criação de conhecimento**. Rio de Janeiro: Ed. Campus, 2001.

NONAKA, I.; TAKEUCHI, H. **Criação de conhecimento na empresa**. Rio de Janeiro: Ed. Campus, 1997.

SENGE, P. M. A. **Quinta disciplina**. São Paulo: Ed. Nova Cultural, 1990.

SENGE, P.M. **The path of least resistance for managers: designing organizations to succeed**. Group West, 1999.

SHEIN, E. H. Organizational culture and leadership. San Francisco: Jossey Bass Publishers, 1986 in Fleury, A. C.; Fleury. M. T. L. **Aprendizagem e inovação organizacional**. São Paulo: Ed. Atlas, 1995.

WENGER, E. **Communities of practice: learning, meaning and identify**. Cambridge University Press, 1998.

Danielle Rodrigues Alves Nunes – Formada em Administração de Empresas, com ênfase em Gestão de Negócios, pelas Faculdades Integradas Curitiba – FIC, e Especialista em Gestão Estratégica da Produção pela Universidade Tecnológica Federal do Paraná – UTFPR. Trabalha na área de qualidade desde 1996, tendo participado da implementação da ISO 9000, ISO 1400 e BS 8800 na Companhia Brasileira de Bebidas – AmBev. Atualmente, desenvolve trabalho de diminuição de perdas nas linhas de produção da Kraft Food, para empresa líder do setor de embalagens.

Faimara do Rocio Strauhs – Doutora em Engenharia de Produção pela Universidade Federal de Santa Catarina em 2003. É professora classe especial da Universidade Tecnológica Federal do Paraná, antigo Centro Federal de Educação Tecnológica do Paraná, onde atua desde 1980, de forma ininterrupta. Foi coordenadora do Programa Disque Cefet, de difusão de informação tecnológica e é gerente administrativa do Laboratório de Inovação e Tecnologia em Sistemas Embarcados (LIT). Pesquisadora, atua na área de Gestão do Conhecimento, com ênfase em métodos e ferramentas de Mapeamento de Competências, compartilhamento do conhecimento e *ba* organizacional. E-mail: faimara@lit.citec.cefetpr.br; faimara@cefetpr.edu.br

9

Sabedoria das Multidões: Predição do Preço de Energia no Mercado Brasileiro

Martius Vicente Rodriguez y Rodriguez
Rogério Almeida Manso da Costa Reis
Mauricio Pereira de Abreu

"Por que muitos são mais inteligentes do que alguns e como a sabedoria das multidões molda o negócio, a economia, a sociedade e as Nações? Diversidade e independências são importantes porque as melhores decisões coletivas são o produto da discordância e competem, para o consenso e o comprometimento."

James Surowiecki

1. Introdução

Os grupos – sob certas condições – têm provado serem extraordinariamente habilidosos para encontrar soluções e até prever acontecimentos futuros[1].

Nas eleições presidenciais americanas entre 1988 e 2000, as previsões eleitorais realizadas pela empresa Iowa Electronic Markets (IEM), às vésperas do pleito, erraram por uma média de apenas 1,37%, resultado este mais preciso que o das pesquisas e avaliações realizadas pelas mais proeminentes empresas de pesquisa dos Estados Unidos. As previsões da IEM foram feitas por um grupo aberto e desorganizado de, aproximadamente, 738 participantes sem um líder, pesquisador, mestre ou estrategista político determinando o resultado final. A IEM utilizou como fundamento os conceitos da sabedoria das multidões ou inteligência coletiva.

No final de 1998, a Caltech e a Hewlett-Packard (HP) desenvolveram um projeto conjunto que estabeleceu um mercado interno de comercialização dentro da HP para realizar a previsão de vendas para as impressoras. Como resultado do primeiro teste, esse "mercado" de inteligência coletiva errou por 6%, contra 13% da previsão oficial da HP. Nos três anos seguintes, esse mercado de previsão experimental teve um desempenho melhor que as projeções da companhia em 75% das vezes.

Na Siemens, infelizmente, a não-percepção do enfoque sobre a sabedoria das multidões levou a empresa a um fracasso. A Siemens criou um mercado interno de inteligência coletiva para prever sua capacidade de cumprir o prazo de um projeto-chave. A diretoria executiva previu sucesso, porém o mercado de previsão coletiva previu fracasso. No final do projeto, o resultado obtido foi que a Siemens não cumpriu o prazo.

Com esses exemplos, fica claro que experiências desse tipo podem desencadear o conhecimento coletivo dos grupos para prever os resultados futuros de modo acertivo. O que os ambientes de previsão coletiva fizeram com sucesso foi canalizar um conjunto diverso e independente de opiniões e imparcialmente agregá-las. Essas são as chaves para canalizar o poder do conhecimento de grupo, ao mesmo tempo em que se evitam os problemas do pensamento em grupo.

Dessa forma, com base nos conceitos da sabedoria das multidões[2], desenvolveu-se um ambiente de previsão de preços de energia para o mercado brasileiro, que considera as premissas: diversidade de opinião, independência, descentralização e capacidade para resumir opinião.

Embasado nessas premissas, o ambiente de previsão de preço de energia foi construído dentro dos seguintes parâmetros: comunicação equilibrada, nenhuma identificação dos participantes na previsão, impossibilidade de edição dos comentários realizados, gestão do conhecimento, colaboração e premiação para motivar os participantes do grupo.

O objetivo do ambiente desenvolvido é a melhoria da predição de preços de energia no mercado brasileiro.

A evolução da predição do preço de energia se dará a partir da incorporação desse conhecimento em um sistema de gestão do conhecimento, com o uso de mapas mentais e a descoberta do conhecimento a partir dos dados.

2. Desenvolvimento teórico

2.1 A importância da diversidade

Entender as condições necessárias para a implantação da prática de sabedoria das multidões e saber como aproveitá-la dentro das restrições das estruturas corporativas são coisas diferentes e bem desafiadoras. Mesmo em uma época de uso intenso de tecnologia da informação, obter informações francas e completas dos colaboradores é, na verdade, um grande desafio.

Quase tudo no ambiente corporativo pesa contra o livre fluxo de informações, apesar do crescimento das ferramentas de colaboração (*Blog*, *Wiki*, *Fórum* etc.), *intranets* e produtos de código aberto. Até mesmo organizações horizontais com políticas de *portas abertas* têm dificuldades em agregar informações sem estarem contaminadas por alguma tendência.

Não importa se a organização é centralizada ou distribuída, ou se tem uma cultura cooperativa ou competitiva, será sempre um grande desafio para qualquer uma delas canalizar a inteligência coletiva e o saber nas organizações.

O primeiro pré-requisito da sabedoria das multidões, que é o pensamento diversificado, é levado pouco em consideração. As equipes gerenciais se fundamentam na ideia do senso comum de que um grupo de pessoas inteligentes deveriam, normalmente, sair-se melhor que um grupo de pessoas com níveis aleatórios de inteligência.

2.2 A sabedoria das multidões

A ideia central da Sabedoria das Multidões gira em torno de dois elementos essenciais: a) a tomada de decisão em si; b) erros de julgamento que quase todos cometem quando tomam decisões:

- ***groupthink*** – tendência de os grupos tomarem decisão em torno de um simples ponto de vista comum (senso comum do grupo). Quando o grupo acredita em alguma coisa, geralmente não acreditando em mais nada que venha a contrariar suas crenças;
- ***arrogância*** – tendência de os grupos acreditarem no poder de influência das suas experiências ou dos seus sentimentos, que seriam

mais confiáveis que o consenso de especialistas, de grupos focais ou dos próprios clientes.

Muitos executivos se orgulham de suas habilidades em tomar decisões críticas mesmo com informação incompleta. Acreditam que pedir a informação completa é desnecessário ou mesmo um sinal de fraqueza da liderança.

Para prevenir a ocorrência do *groupthink*, podem ser utilizadas as seguintes estratégias:

- diversidade intelectual do grupo;
- independência dos membros do grupo;
- balanceamento nas questões de centralização e descentralização do grupo.

Um grupo com essas características tem muito mais capacidade de discernimento, inteligência e uma forma de julgamento mais sofisticada, informada e fidedigna se comparado com o processo de decisório centralizado normalmente utilizado.

2.3 Visão de um ambiente para tomada de decisão com base na sabedoria das multidões

Um ambiente, para atender a essas características de tomada de decisão, não deve ter uma comunicação excessiva, pois poderá causar uma disfunção de grupo causada pela paralisia da análise em função do excesso de informação.

Outra questão que ainda poderá ocorrer é o excesso de consenso ou de acordo entre os membros do grupo, produzindo soluções fracas. Isso ocorre devido ao fato de visões adversárias, que devem ter uma base de convicção, não serem adequadamente expostas e levadas em consideração.

O conhecimento que os indivíduos colocam para o grupo não deve ser editado ou selecionado por indivíduos ou grupos menores pertencentes ao grupo geral, também não deve ser filtrado. Deve-se apresentar o conhecimento para o grupo sem edições ou comentários.

O conceito de Sabedoria das Multidões não é um *referendum*, pois, nesse caso, as "multidões" simplesmente ratificam ou rejeitam uma solução que um especialista está apresentando. Nesse modelo, a "multidão" realmente determina qual é a melhor solução, eliminando do processo, por meio de sucessivas rodadas de análise, soluções que sejam derivadas de falsos entendimentos sobre os assuntos e as soluções secundárias.

Cada membro do grupo deverá agregar à solução um pouco do seu valioso conhecimento (geralmente tácito) ou perspectiva; qualquer erro será descartado pela contraposição de outros membros do grupo. Com isso, é bem provável que o conhecimento coletivo, trabalhado pelo grupo, seja extremamente preciso, fidedigno, inteligente e preditivo.

Um grupo muito grande e com características bem amplas pode ser um convite à anarquia, pois seriam muitas respostas e necessários vários meses para serem compiladas. Assim, o número de ideias se tornaria não-gerenciável e nunca seria possível encontrar a "agulha no palheiro".

Para tratar grandes volumes de respostas, caso seja necessário a tomada de decisão, poderiam ser utilizadas técnicas de mineração de dados (*datamining* ou *textmining*), com a finalidade de extrair conhecimento a partir de grande volume de informações.

Desse modo, um modelo de sabedoria das multidões deve levar em consideração os seguintes aspectos:

- em muitos casos, o grupo necessitaria de um conjunto discreto e quantificado de possíveis soluções (respostas) sobre as quais cada membro do grupo só pode escolher uma e apostar nela (bolsa de apostas);
- ter muito cuidado na qualificação e na escolha dos membros do grupo;
- cada membro do grupo tem que entender do problema;
- cada membro do grupo deve ser diversificado em suas perspectivas;
- o grupo deve ser independente das tendências de conformidade (*groupthink*);
- cada membro do grupo deve ter a capacidade de trazer um pouco de conhecimento, sem igual, para solucionar o problema (colaboração de conhecimento);

- o ambiente deve proporcionar algum incentivo para que as pessoas participem do grupo (premiação).

Com base nas visões apresentadas, é possível traçar o perfil de um ambiente dessa natureza que utilizasse *internet* ou *intranet* como suporte de operação:

- para minimizar as questões de cognição, deve-se utilizar um ambiente de Gestão do Conhecimento orientado para o compartilhamento;
- com relação à questão de coordenação, deve-se constituir um grupo de moderados;
- para trabalhar a cooperação, podem ser utilizados os grupos de ferramentas: *Blog* e *Wiki*;
- caso seja utilizado o conceito de bolsa de apostas, deve ser utilizado um ambiente de votação (*Poll*).

Antes do desenvolvimento de um ambiente tecnológico com essas características, é necessária a construção do modelo que atenda às necessidades de tomada de decisão. Esse modelo deve ser desenvolvido com base nos aspectos da Sabedoria das Multidões.

2.4 O ciclo virtuoso do conhecimento

Utilizando a arquitetura apresentada na Figura 1, verificamos as etapas do processo de transformação do conhecimento de Nonaka e Tacheuchi (1997), seguindo o ciclo de transferência do conhecimento, como podemos observar a seguir:

- **socialização:** representa a primeira etapa do processo de geração do conhecimento, por meio de pequenos grupos, de até três pessoas, que vão debater; a partir da diversidade de opinião e da independência de pensamento, serão capazes de formular "apostas" com possíveis preços de energia, assim como a justificativa que o grupo identificou para chegar àqueles preços;

- **externalização:** nesse momento, o grupo explicita a sua proposta inserindo no sistema o preço futuro de energia e também a justificativa embasada para ter sido utilizado esse valor;
- **combinação:** com base no valor registrado no sistema e também a sua justificativa, os dados são armazenados e identificados. Posteriormente, serão utilizados a partir de uma mineração do conhecimento com a extração de regras de negócio;
- **internalização:** com a inserção das regras de negócio nos sistemas de predição já disponíveis, os tomadores de decisões farão uso desse conhecimento para a tomada de novas decisões de compra/venda de energia no mercado, fechando, assim, o ciclo de geração de conhecimento, conforme apresentado na Figura 1.

Fonte: Nonaka e Tacheuchi (1997).

Figura 1 – Fases de conversão do conhecimento.

A lógica do sistema como um todo pode ser verificada a partir da Figura 2, quando são utilizados os seguintes elementos baseados no conceito de sabedoria das multidões:

- balanceamento do processo de decisão entre coordenação, moderadores e comunidade votante;
- não-identificação dos membros do grupo no momento da inserção das previsões ("apostas");
- impossibilidade de edição dos comentários por outros membros do grupo;

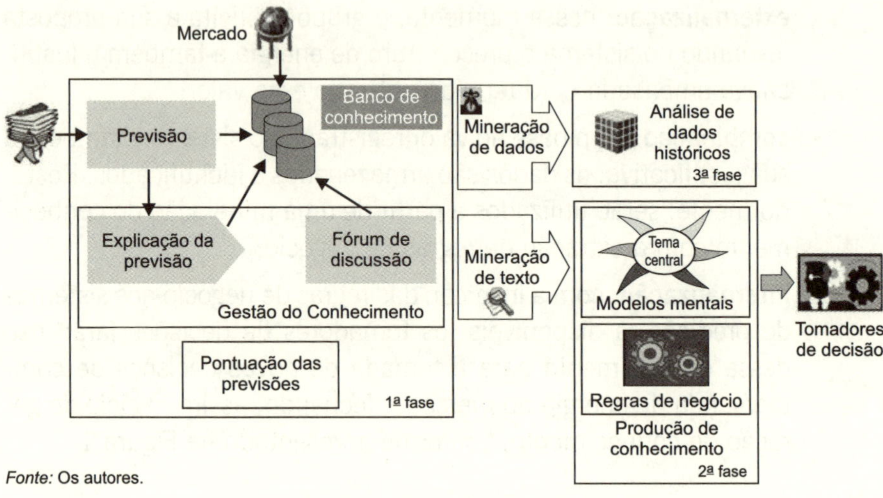

Fonte: Os autores.

Figura 2 – O sistema de predição de preços baseado na sabedoria das massas.

- gestão sistêmica do conhecimento, indo desde a participação tácito-tácito, tácito-explícito, explícito-explícito e fechando em explícito-tácito;
- criação de um ambiente colaborativo e cooperativo e, ao mesmo tempo, desafiador;
- fundamentação com base em uma realidade próxima e disponível para todos, ao mesmo tempo promovendo um resultado econômico para a organização;
- premiação para incentivar a participação das pessoas e o espírito de competição saudável.

3. Caso de aplicação da sabedoria de massas nas decisões da Câmera de Comercialização de Energia Elétrica (CCEE)

Prever o preço de energia não é nada simples e, com certeza, se pudéssemos ter um pequeno percentual de incremento na assertividade do preço de energia, hoje definida pela Câmera de Comercialização de Energia Elétrica (CCEE). Para tanto, a Petrobras desenvolveu uma solução baseada na Sabedoria das Massas para incrementar essa predição.

O Sistema, denominado Sistema de Estimativa de Preço de Energia (Sepe) foi construído utilizando o conhecimento de profissionais da empresa que lançam suas estimativas no sistema. Essas estimativas, feitas por grupos de até três pessoas, concorrem com outras realizadas por outros grupos internos, e aqueles que mais se aproximam da realidade são, no final, premiados.

As indicações dos preços futuros de energia são acompanhadas de uma justificativa que são, de fato, o conhecimento tácito que é explicitado. Esse conhecimento explicitado é posteriormente utilizado na construção de um modelo mental dos especialistas e também na geração de regras de negócio que vão alimentar as bases de dados utilizadas pelos sistemas de informação. Esses sistemas utilizam modelos matemáticos e regras de negócio para a predição dos preços de energia no mercado.

Dessa forma, fecha-se um ciclo, indo desde a troca de conhecimento tácito com tácito à explicitação de tácito para explícito; da organização do conhecimento explícito para posterior uso nos modelos mentais e sistemas especializados para geração de novas predições.

Como vantagens e características principais desse caso, podemos destacar:

- transferindo o conhecimento tácito para tácito: o uso do conceito de sabedoria das multidões quando pequenos grupos debatem e "apostam" e ao mesmo tempo observam o que os outros grupos estão "apostando" no valor da energia;
- transformando o conhecimento tácito em explícito: a combinação do conceito de sabedoria das multidões com outros conceitos relacionados com a Gestão do Conhecimento, como a explicitação das regras de formação dos preços para previsões futuras;
- organizando o conhecimento explícito em outro explícito: quando os dados são inseridos pelos colaboradores e posteriormente armazenados na forma de regras de negócio de forma consistente e organizada;

- transformando o conhecimento explícito em tácito: quando as regras utilizadas são assimiladas pelos colaboradores, permitindo um salto em valor agregado de forma sistêmica e organizada.

E, finalmente, como todo sistema baseado na sabedoria das multidões, foi prevista uma etapa de reconhecimento e recompensa daqueles colaboradores que mais se destacaram nos seus acertos.

4. Conclusão

A sabedoria das multidões parte do princípio de que várias pessoas podem contribuir mais assertivamente para a solução de problemas do que apenas uma pessoa. Certamente, há divergência de opiniões sobre isso, mas, se tivermos problemas adequados ao nível de conhecimento médio do grupo, essa afirmativa tende a ser sempre verdadeira. Raciocinando pelo extremo, teríamos, com bastante dificuldade, um nível positivo de acertos se o grupo nunca tivesse ouvido falar de preços de energia.

Assim, os modelos baseados na sabedoria das multidões devem ser construídos com base nos seguintes critérios:

- o time que vai participar da solução do problema deve ter pessoas que conheçam formas de resolver o problema, mesmo que de forma empírica, parcial, analítica, ou qualquer outra forma fragmentada de obter a solução;
- problemas que demandam um pensamento sistêmico são ideais para que um time multifuncional desenvolva soluções e compartilhe com os demais do grupo;
- parte do grupo poderá ser de pessoas que não entendem absolutamente do problema em si, mas que possam contribuir com outros conhecimentos que levem à solução;
- a diversidade de opiniões é um fator crucial para o processo. Pessoas diferentes irão trazer contribuições diferenciadas, que irão somar-se às demais na construção da solução do problema, de forma muito mais rica e precisa;

- a independência na formação da opinião própria é uma virtude que deve estar presente de modo a garantir a individualidade no momento em que cada pessoa fornece uma determinada contribuição;
- a descentralização do processo de contribuição, no qual ninguém é dono da verdade absoluta e as pessoas podem se especializar e se utilizar do conhecimento local;
- a capacidade de agregar à opinião de outras pessoas e resumir ideias e soluções no momento de transmiti-las aos demais. Essa habilidade é importante para que se chegue ao veredicto.

Dessa forma, o ambiente para a construção de um conhecimento coletivo deve estar aberto a opiniões, informações, julgamentos dos mais diversos. O único objetivo é construir uma solução de consenso, porém resultante das divergências, para o problema identificado a partir do múltiplo conhecimento das pessoas.

Notas

[1] Segundo James Surowiecki em seu livro *The Wisdom of Crowds* (2004).

[2] Surowiecki, J., Sabedoria de Multidões, Doubleday. Casa de Acaso Inc, Nova Iorque, 2004 – de acordo com Sabedoria de Multidões *"Por que muitos são mais inteligentes do que alguns e como sabedoria coletiva molda o negócio, a economia, a sociedade e as Nações?... Diversidade e independência são importantes porque as melhores decisões coletivas são o produto da discordância e competem para o consenso e o comprometimento".*

Referências

NONAKA, I. e TAKEUCHI, H. **Criação de conhecimento na empresa**. Rio de Janeiro: Ed. Campus, 1997.

RODRIGUEZ, M. **Gestão empresarial – organizações que aprendem**. Rio de Janeiro: Qualitymark Editora, 2002.

SUROWIECKI, J. **The wisdom of crowds**. Nova York: DoubleDay, 2004.

Martius Vicente Rodriguez y Rodriguez – Pós-doutor pela UFRJ/Harvard Business School em Gestão de Empresas, doutor em Gestão do Conhecimento pela UFRJ, mestre em Computação de Alto Desempenho pela UFRJ. Possui Master Executive em Inovação pelo MIT/Sloan; professor da UFF Departamento de Administração; professor convidado da FGV; presidente da Comissão de Petróleo e Gás da Câmara de Comércio do Estado do Rio de Janeiro; coordenador de Gestão Tecnológica pela Petrobras. Atuou na Petrobras como gerente de Planejamento de RH, gerente de Tecnologia de Informação de Exploração e Produção, gerente de Gestão e Organização, gerente de Desenvolvimento de Executivos da Universidade Petrobras. Autor de mais de dez livros sobre gestão empresarial, gestão de mudanças, gestão do conhecimento. E-mail: martius@petrobras.com.br

Rogério Almeida Manso da Costa Reis – Atual vice-presidente-executivo da Brenco, Companhia Brasileira de Energia Renovável, engenheiro civil pela Universidade do Estado do Rio de Janeiro, com MBA pela New York University. Está na Petrobras desde 1979, onde ocupou as seguintes posições: gerente-executivo de Gás e Energia – Marketing e Comercialização, desde novembro de 2004; consultor do presidente; diretor de Abastecimento; diretor-gerente de Marketing e Comercialização; superintendente adjunto de Suprimento, chefe da Divisão de Comercialização de Derivados e gerente de Comercialização da afiliada da Petrobras em Nova York; responsável pelas exportações de combustíveis da Companhia para os Estados Unidos. Possui cursos de extensão em Gestão na Kellog/Northwestern University – Estados Unidos; Insead – França, IFP-Wharton – Estados Unidos; e Oxford Institute for Energy Studies – Estados Unidos. E-mail: rogeriomanso@uol.com.br

Mauricio Pereira de Abreu – Doutorando em Gestão do Conhecimento e mestre em Gestão do Conhecimento pela Coppe/ UFRJ, com pós-graduação em Análise de Sistemas pela PUC-RJ. Professor nos seguintes cursos: Master on Business and Knowledge Management (MBKM) do Centro de Referência em Inteligência Empresarial pertencente ao Programa de Engenharia de Produção da Coppe/UFRJ. MBA em Administração e Sistemas de Informação do Casi/UFF, além de ministrar cursos para a FGV, Funcefet, Unesa, entre outras. Autor dos livros *Projeto de Banco de Dados – Uma Visão Prática* e *Que Ferramenta Devo Usar? – Gestão do Conhecimento*. Palestrante em diversos congressos e seminários no Brasil e no exterior. Consultor com mais de 15 anos de experiência, atuando em grandes empresas dos setores público e privado.

10

Método de Gestão do Conhecimento Proposto para o Escritório de Projetos do HSBC Bank Brasil

Ariane Hinça Scheneider
Hélio Gomes de Carvalho

1. Introdução

Diante do cenário de constante mudança para as empresas, a inovação tem-se tornado uma importante fonte de vantagem competitiva. Para garantir processos e produtos inovadores cada vez com maior rapidez, as empresas passaram a adotar a Gestão de Projetos (GP) por ser uma "arma competitiva que representa níveis crescentes de qualidade e agrega valor aos interesses dos clientes" (Kerzner, 2002, p. 15). Esse aspecto é reforçado por Thomas A. Stewart, citado por Kerzner (2002, p. 18), ao afirmar que os projetos "reúnem e vendem conhecimentos". Quanto maior a mudança, mais inovações e mais projetos surgem (Verzuh, 2000) e "cada mudança é um projeto" (Prado, 2003). E, como inovação exige mudança, o tema Gerenciamento de Projetos surge como importante complemento às estratégias das empresas. Projetos e conhecimento estão, portanto, cada vez mais fortemente atrelados.

O gerenciamento bem-sucedido de um projeto pode fazer com que os novos produtos cheguem mais rapidamente ao mercado, ultrapassando, desse modo, os concorrentes e conquistando novas fatias de mercado (Fitzsimmons, 2000). Nesse contexto, ganha destaque a importância da implantação de Escritórios de Projetos *Project Management Office* (PMO), os quais apóiam as necessidades de gerenciamento de projetos da organização, proporcionando incremento no nível de sucesso dos projetos, por meio do compartilhamento de conhecimentos e experiências ao longo do tempo.

Os projetos são grandes fontes de conhecimento. Todavia, não há uma preocupação em transferir o conhecimento adquirido aos novos projetos. Dessa forma, os novos projetos podem incorrer nos mesmos erros cometidos no passado. O objetivo deste capítulo é apresentar o modelo proposto para o HSBC Bank Brasil S.A. – Banco Múltiplo. A proposta reside em implantar práticas de Gestão do Conhecimento (GC) no ambiente de projetos, por meio da articulação do Escritório de Projetos (EP) já existente na organização.

A seguir, apresentamos uma rápida revisão da importância do EP nas organizações, assim como da Gestão do Conhecimento. Por fim, é apresentado o modelo proposto ao HSBC Bank Brasil S. A. para incorporar práticas de GC na atuação do Escritório de Projetos já instalado na empresa.

2. Referencial teórico

2.1 O Escritório de Projetos

O Escritório de Projetos (EP) é o local central para conduzir, planejar, organizar e finalizar as atividades de projetos da organização. Além disso, é a "casa" do time do projeto, onde todo o suporte está disponível. Dessa forma, os gerentes de projetos podem liberar maior parte do seu tempo para análise de dados e tomada de decisões (Vargas, 2002).

As organizações que desenvolvem inúmeros projetos simultâneos são favorecidas quando implantam um EP, uma vez que este promove o serviço completo de "assessoria", garantindo aos gerentes de projetos maior atuação na Gestão dos Projetos pelos quais são responsáveis.

Há um conjunto de fatores que justificam a necessidade de uma melhor articulação, no âmbito das organizações, entre o Gerenciamento de Projetos e a Gestão do Conhecimento:

- a maioria das empresas multinacionais desenvolve muitos projetos simultaneamente;

- a maioria das grandes empresas já adotou uma metodologia padrão para o gerenciamento de projetos;
- o EP é adotado na maioria das grandes empresas que desenvolvem projetos;
- o grande desafio das organizações é converter o conhecimento de seus colaboradores em conhecimento organizacional;
- os novos projetos não "recuperam" os conhecimentos adquiridos em projetos anteriores, dificultando o incremento no nível de sucesso dos respectivos projetos;
- a falta de ações de GC nos projetos leva a um menor nível de inovação em produtos e serviços oferecidos ao mercado.

A Figura 1 ilustra a necessidade de transferir conhecimento entre os projetos, em que cada novo projeto é beneficiado com as lições aprendidas nos anteriores.

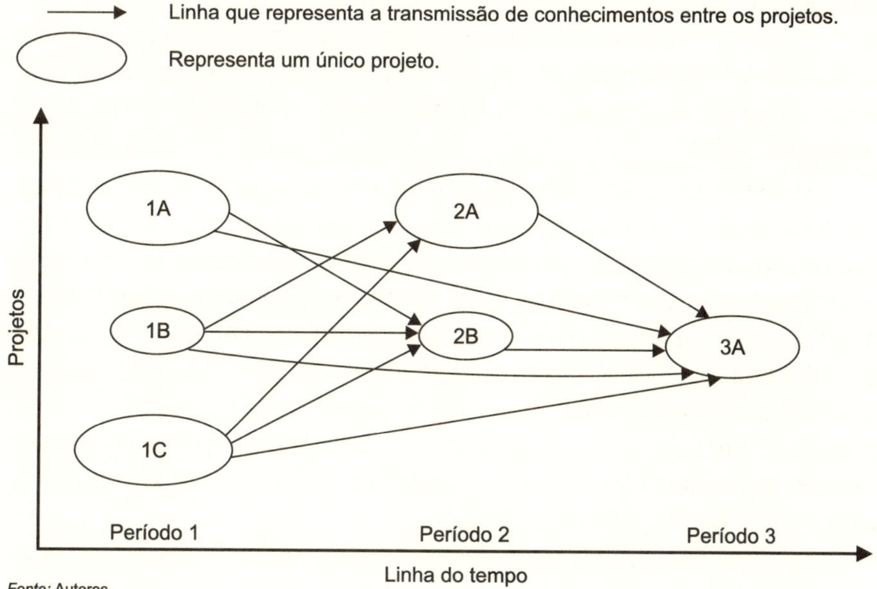

Fonte: Autores.

Figura 1 – Transferência de conhecimento entre projetos

O Escritório de Projetos deve, portanto, buscar, processar e armazenar dados, informações de todas as partes interessadas nos projetos: a alta administração, os gerentes, os empregados e os colaboradores da organização, os fornecedores, o governo e sua política, os clientes e os concorrentes, os patrocinadores, os financiadores etc. (Valeriano, 2001). Nesse contexto, identifica-se o EP como a estrutura dentro das organizações com maior potencial de assumir a liderança da implantação e acompanhamento das práticas de GC, como forma de somar esforços rumo à excelência no gerenciamento de projetos.

2.2. Gestão do Conhecimento em Projetos

As empresas têm buscado se aperfeiçoar para fortalecer sua competitividade. Para tanto, os projetos têm-se tornado um ponto vital. Segundo Verzuh (2000, p. 319), "a nova fronteira na Gestão de Projetos é pegar as lições aprendidas no nível do projeto e aplicá-las no nível da organização – seja a organização de um departamento ou uma corporação inteira". Com essa visão, a comunicação, uma das diferentes disciplinas dentro da Gestão de Projetos, propicia o incentivo à criação de inúmeros conhecimentos. Isso porque, com essa finalidade, são elaborados e emitidos documentos técnicos, administrativos, de planejamento e controle. Parte da documentação desse tipo consiste em confirmação formal de informações veiculadas verbalmente: decisões, atas de reunião, relatórios de visitas etc. (Valeriano, 1998).

A existência de um repositório de informações para futuras consultas, em biblioteca ou arquivo, tem grande importância por permitir a introdução de revisões de projeto para fazer correções, melhoramentos ou aperfeiçoamentos etc. Esse repositório será valioso para consulta ao se reverem e aperfeiçoarem os métodos e processos de desenvolvimento, de ensaios etc. (Valeriano, 1998). Esses documentos são extremamente valiosos, uma vez que constituem a "memória do projeto e devem estar em condições de ser recuperados, consultados e entendidos em épocas posteriores, mesmo pelos que não estiveram direta ou indiretamente envolvidos no projeto" (Valeriano, 1998, p. 283).

As lições aprendidas também são fortemente defendidas por Valeriano (1998), uma vez que para aquelas organizações que estão constantemente envolvidas com novos projetos e que têm problemas em cada um deles, desde a fase inicial até seu encerramento, nada mais recomendável que procurar extrair o máximo das lições aprendidas. Essas lições constituem uma "coleção organizada de erros e acertos, práticas recomendadas e a evitar, fatores determinantes de sucesso ou de fracasso" (Valeriano, 1998, p. 97).

Cada organização deve estabelecer a metodologia mais adequada para identificar erros, acertos e fatores determinantes de sucesso ou de fracasso. Basicamente, ela pode se resumir em dois processos, segundo Valeriano (1998). O primeiro consiste em proceder a uma avaliação crítica no término de cada projeto ou no fim de cada importante fase dos projetos mais longos, para levantar os erros e os acertos e, principalmente, suas causas, aprendendo, assim, as lições oferecidas pela experiência. O segundo reside na elaboração de um questionário a ser preenchido pelos gerentes e pelos membros da sua equipe, periodicamente recolhidos para análise, avaliação e adoção. O questionário deve orientar para fatos e resultados relevantes observados, ocorridos, ameaçados, prevenidos etc. A escolha de palavras-chave permite agrupá-los para facilitar a recuperação e exames posteriores. "O erro ou o acerto é o ponto de chegada. Deve-se tomar o caminho certo para repetir os acertos e evitar as trilhas que conduzem a erros" (Valeriano, 1998, p. 97).

Muitas organizações vêm implantando um pequeno comitê, geralmente com três ou quatro membros, para consolidar, atualizar e organizar as lições aprendidas. Uma excelente prática consiste na apresentação de cada novo projeto, perante essa comissão, em que o gerente justifica as lições aprendidas em seu projeto (Valeriano, 1998).

Ao longo de todas as conceituações acerca de Gestão do Conhecimento e Gestão de Projetos, muitas sugestões recomendadas por ambas as disciplinas coincidem, como, por exemplo, a gestão de melhores práticas, a ênfase na comunicação, o trabalho em equipe, a disponibilização das informações, entre outras. Para viabilizar essas sugestões, é necessário um método para implantar e utilizar práticas de GC em consonância com práticas de Gestão de Projetos. O método a seguir apresentado, baseado e desenvolvido a partir de um estudo de caso realizado no HSBC Bank Brasil S.A., ilustra uma das diferentes possibilidades que o tema oferece.

3. Caso no HSBC Bank Brasil S. A.

O estudo de caso no HSBC Bank Brasil S.A. foi realizado durante o segundo semestre de 2004 e o primeiro quadrimestre de 2005. Os dados a partir daqui apresentados referem-se a esse período.

O estudo de caso foi realizado nas áreas diretamente envolvidas com o EP do banco, quais sejam: Setor de Desenvolvimento de Projetos Tecnológicos *Information Technology* (IT) – Tecnologia da Informação (TI), Setor de Processos e o próprio EP. Para o desenvolvimento desse trabalho, foram realizadas entrevistas com gerentes de projetos do banco e levantamento de dados de projetos concluídos e em andamento. Todas as informações divulgadas nesse estudo de caso preservam informações estratégicas de projetos e processos do HSBC Bank Brasil S. A., conforme autorização para realização do respectivo estudo.

3.1. Contextualização

O HSBC iniciou suas operações no Brasil a partir de 1997 quando adquiriu um banco privado nacional. Essa aquisição refletiu um amplo programa de expansão do grupo na década de 1990, na América Latina e em todo o mundo.

O HSBC Bank Brasil S. A., no ano 2005, estava presente em mais de 500 municípios brasileiros, com aproximadamente 1.500 agências e pontos de atendimento e quase 5 mil caixas automáticos. Destacava-se como a segunda maior rede do grupo em âmbito mundial. No Brasil, contava com 3,5 milhões de clientes (Pessoa Física) e 240 mil clientes (Pessoa Jurídica). O HSBC Bank Brasil S. A. disponibiliza aos clientes produtos e serviços como Banco de Varejo, *Commercial Banking*, *Corporate Banking*, Investimentos, Seguros e Pensão, entre outros. O resultado apresentado pelo grupo no primeiro semestre de 2004 totaliza, no Brasil, um lucro bruto de US$ 120 milhões de dólares[1], quase o triplo do mesmo período do ano passado.

O HSBC Bank Brasil S. A. faz parte do Grupo HSBC, corporação internacional sediada em Londres e presente em 82 países e territórios. No Brasil, tem sede na cidade de Curitiba, Paraná (PR). Tem como missão "garantir a excelência na entrega de produtos e serviços financeiros, maximizando valor para clientes e acionistas".

O HSBC Bank Brasil conta com um EP, que auxilia nas tarefas de gerenciamento de projetos da Organização, em particular os do Setor de Desenvolvimento de Projetos Tecnológicos *Information Technology* (IT) – Tecnologia da Informação (TI). A área de tecnologia do HSBC Bank Brasil S. A., no ano 2005, contava com aproximadamente 1.400 colaboradores e 130 estagiários, além dos prestadores de serviços. A área de tecnologia do banco subdivide-se nos setores de produção, segurança, desenvolvimento e telecomunicações; os dois últimos eram os setores mais atuantes em projetos. Além do setor de tecnologia, o setor de processos encontra-se fortemente envolvido com o desenvolvimento de projetos. A área de Processos do HSBC contava, em 2005, com aproximadamente 120 colaboradores, acrescidos de mais de 40 prestadores de serviços. O EP do banco tinha aproximadamente dez pessoas reportando-se à diretoria de IT.

3.2 Método proposto

A partir do levantamento das contribuições que a GC pode agregar ao sucesso de projetos, das entrevistas com integrantes de projeto da organização, do levantamento da situação atual da Gestão de Projetos desenvolvida e da atuação do EP do banco, foi possível desenhar uma proposta de método para incorporar práticas de GC no EP.

O método está estruturado em sete fases, como mostra a Figura 2.

Fonte: Autores.

Figura 2 – Método para incorporar Gestão do Conhecimento em Projetos.

O método inclui etapas que vão desde a fase de concepção da ideia de implantar a GC na organização até a de análise dos resultados obtidos com cada projeto que adotou práticas de GC.

Segue o detalhamento das fases com suas respectivas atividades propostas:

- Fase 1: Preparação

✓ Elaboração de proposta: apresentar a importância da GC nas organizações, as ferramentas mais utilizadas para promover a GC; os *cases* de empresas que já adotaram a GC e respectivos resultados. Levantar quais são as áreas mais fortemente envolvidas com projetos e apresentar um diagnóstico situacional das maiores dificuldades relacionadas com projetos e potenciais ganhos com práticas de GC. Nessa fase, sugere-se que o responsável pela defesa da proposta seja o próprio EP ou uma área que esteja fortemente envolvida com projetos.

✓ Patrocinador: apresentar ao CEO (*Chief Executive Officer)* a proposta de implantação da GC no EP e, por consequência, em todas as áreas envolvidas com projetos. O apoio do CEO, bem como da diretoria executiva, é fundamental para o sucesso da nova estratégia. A cultura da instituição na qual foi realizado o estudo de caso requer que esse tipo de iniciativa aconteça de "cima para baixo".

- Fase 2: Revisar as responsabilidades do EP

✓ Após obtenção da aprovação do CEO da Organização, faz-se necessária uma revisão das atuais responsabilidades do EP e definição de quais são as novas responsabilidades a serem incorporadas.

✓ Há necessidade de o EP assumir um caráter mais corporativo, bem como somar responsabilidades adicionais, como, por exemplo, participar do planejamento, apoiar priorização de projetos, ter uma equipe de Gerentes de Projetos (GPs) que gerenciem todos os projetos da organização.

✓ Caso o EP considere que esse não é o momento adequado para incrementar o nível de participação no gerenciamento de projetos, deve analisar quais são as responsabilidades que vai incorporar com a promoção da GC em projetos. Na sequência, destacam-se algumas responsabilidades que se recomendam serem assumidas pelo EP:

□ liderança do projeto de implantação e acompanhamento da GC nos projetos;

- □ divulgação do tema GC entre os envolvidos com projetos;
- □ definição e direcionamento da aplicação de ferramentas de GC em projetos;
- □ formar GPs líderes da GC na organização;
- □ identificar os inter-relacionamentos da metodologia de Gerenciamento de Projetos da organização com as práticas de GC;
- □ identificar as maiores dificuldades encontradas no Gerenciamento de Projetos e verificar quais ferramentas de GC podem auxiliar no sucesso dos projetos.

- Fase 3: Espiral do Conhecimento em Projetos
  - ✓ Essa fase requer um estudo detalhado do EP e do modo de desenvolver e gerenciar projetos na instituição para verificar quais são as fases do projeto que permitem identificar os quatro modos de conversão do conhecimento (Quadro 1).

Quadro 1 – A espiral do conhecimento em projetos da organização.

Conversão do Conhecimento	Exemplos de Aplicações do HSBC Bank Brasil S. A.
• Socialização (Conhecimento tácito em tácito).	• Composição multifuncional das equipes de projetos, recrutamentos internos.
• Externalização (Conhecimento tácito em explícito).	• Reuniões de projetos, especificações funcionais e de sistema.
• Combinação (Conhecimento explícito em explícito).	• Intranet, atas, manuais.
• Internalização (Conhecimento explícito em tácito).	• Melhores práticas, avaliação de pós-implementação.

Fonte: Baseado em Nonaka e Takeuchi (1997).

Deve-se levar em consideração que a externalização é o modo de conversão do conhecimento fundamental para a Organização, uma vez que é vista como o processo-chave para a criação do conhecimento, além de promover a inovação.

As definições de quais ferramentas de GC apoiarão a recuperação do conhecimento também são muito importantes e serão destacadas na próxima fase do método. Todavia, a Organização precisa fortemente promover a socialização, a combinação e a internalização do conhecimento, pois a maior dificuldade, usualmente, reside na disseminação do conhecimento.

Os projetos apresentam ciclo de vida definido, e a espiral do conhecimento pode ser aplicada em cada uma das fases (concepção, organização, execução, controle e encerramento) para garantir que a Gestão do Conhecimento em projetos seja efetiva.

- Fase 4: Definir práticas e ferramentas de GC
  - ✓ Entre as práticas de GC, a mais facilmente aplicada em um EP é através do *e-learning* e da intranet.
  - ✓ Aproveitar o *e-learning,* por exemplo, para divulgar o que é a GC, capacitação sobre áreas do conhecimento em GP com maior nível de dificuldade e insucesso em projetos.
  - ✓ O EP pode utilizar a intranet para divulgar a metodologia de gerenciamento de projetos e avaliar essa prática. Poderia somar-se ao site, por exemplo, Dúvidas mais Frequentes e Melhores Práticas. Há outras ferramentas disponíveis no caso do banco HSBC e que podem contribuir para a GC, como é o caso do *Lotus Notes*.
  - ✓ Outras práticas a serem incorporadas: Mapeamento de Processos, Mapa de Competências e *benchmarking* com outras empresas ou mesmo outras áreas do Grupo. Novos projetos podem ser beneficiados com o conhecimento disponível de projetos anteriores, caso haja disponível uma base de consulta de projetos já realizados, recursos envolvidos e lições aprendidas.

- Fase 5: Divulgar a GC
  - ✓ Após a realização das fases precedentes, cabe ao EP iniciar a divulgação da GC para todos os envolvidos com projetos, principalmente os GPs. Isso pode ser realizado por meio de: treinamentos (principalmente aliando a GC ao treinamento de Gerenciamento de Projetos); *workshops*; disponibilização de material para leitura; formação de grupos de estudo e discussão; *e-learning*; incorporação de *cases*; grupos de discussão virtuais, entre outros, no *site* de Gerenciamento de Projetos da organização.
  - ✓ Vale lembrar que a cultura da organização exige que esse tipo de iniciativa tenha um forte direcionamento por parte do CEO do banco. Cabe ao EP capturar um direcionamento do CEO a ser divulgado a todos os envolvidos.

- Fase 6: Acompanhar os projetos

  ✓ As fases anteriores são necessárias para iniciar a implantação da GC no EP. É evidente que o EP, a cada período, pode e deve rever suas responsabilidades, definir novas práticas e ferramentas, bem como incrementar a divulgação da GC. As fases de 1 a 5, porém, podem ser consideradas estratégicas para a implantação da GC na Organização.

  ✓ As fases 6 e 7, por sua vez, são rotineiras e requerem o acompanhamento do EP.

  ✓ Para a realização de um acompanhamento adequado de como a GC está sendo conduzida nos projetos, é importante que o EP tenha um *portfólio* dos projetos com suas respectivas fases planejadas e acompanhamento das entregas. É primordial, para o sucesso do EP, o conhecimento sobre a composição das equipes dos projetos, suas experiências e suas responsabilidades.

  ✓ Nessa fase, verifica-se inicialmente que ferramentas de GC estão sendo utilizadas, e posteriormente se o uso está sendo eficaz. A identificação da espiral do conhecimento nas fases dos projetos é importante para verificar se o ciclo de conversão do conhecimento está acontecendo.

- Fase 7: Divulgar resultados

  ✓ A fase de divulgação dos resultados é fundamental para o sucesso da aplicação da GC em projetos. Os projetos que já têm um acompanhamento de pós-implementação precisam incorporar a avaliação dos resultados alcançados com a GC, como, por exemplo, melhores práticas, inovações, incremento no nível de maturidade dos projetos, mapa de competências, entre outros. Nessa fase, o EP pode avaliar e sugerir maneiras de "recompensar" aquelas equipes que mais contribuíram para promover a GC.

  ✓ GC requer envolvimento e comprometimento de todos os integrantes, assim como os projetos de sucesso. A liderança do EP e dos GPs frente o processo é fundamental para garantir que há interesse da Organização pelo desenvolvimento dessas práticas.

A revisão constante do método é essencial para garantir que se traduza a necessidade real da Organização e responda às necessidades do mercado.

Da fase 2 em diante do modelo proposto, a cada novo projeto desenvolvido e analisados os resultados obtidos, recomenda-se que o EP avalie se há alguma nova prática que possa ser incorporada às atividades existentes em cada fase.

A Figura 3 apresenta o método proposto para incorporação da GC à prática do GP, através do Escritório de Projetos.

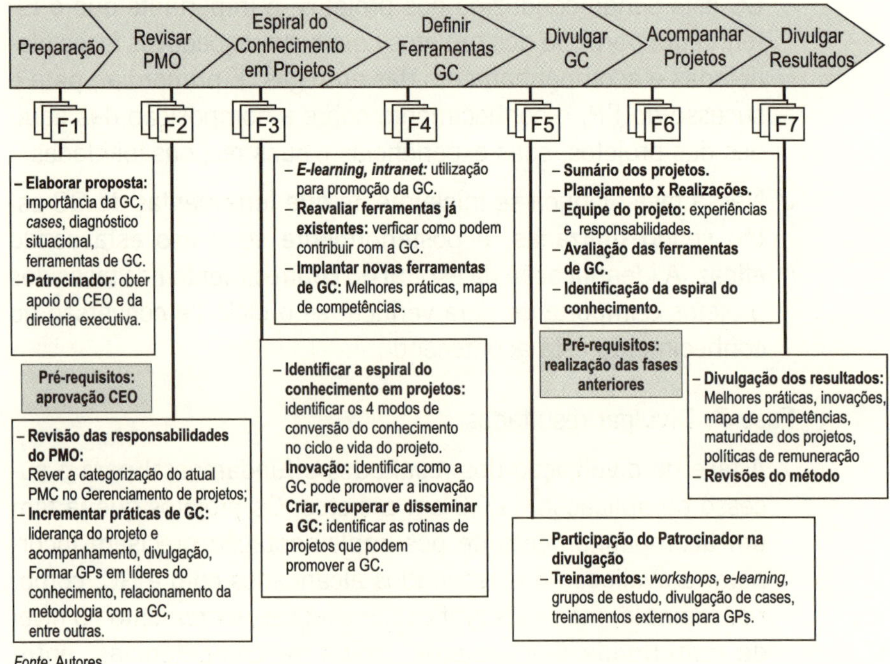
Preparação
Revisar PMO
Espiral do Conhecimento em Projetos
Definir Ferramentas GC
Divulgar GC
Acompanhar Projetos
Divulgar Resultados
F1
F2
F3
F4
F5
F6
F7
- Elaborar proposta: importância da GC, cases, diagnóstico situacional, ferramentas de GC.
- Patrocinador: obter apoio do CEO e da diretoria executiva.
Pré-requisitos: aprovação CEO
- Revisão das responsabilidades do PMO: Rever a categorização do atual PMC no Gerenciamento de projetos;
- Incrementar práticas de GC: liderança do projeto e acompanhamento, divulgação, Formar GPs em líderes do conhecimento, relacionamento da metodologia com a GC, entre outras.
- E-learning, intranet: utilização para promoção da GC.
- Reavaliar ferramentas já existentes: verficar como podem contribuir com a GC.
- Implantar novas ferramentas de GC: Melhores práticas, mapa de competências.
- Identificar a espiral do conhecimento em projetos: identificar os 4 modos de conversão do conhecimento no ciclo e vida do projeto.
Inovação: identificar como a GC pode promover a inovação
Criar, recuperar e disseminar a GC: identificar as rotinas de projetos que podem promover a GC.
- Sumário dos projetos.
- Planejamento x Realizações.
- Equipe do projeto: experiências e responsabilidades.
- Avaliação das ferramentas de GC.
- Identificação da espiral do conhecimento.
Pré-requisitos: realização das fases anteriores
- Divulgação dos resultados: Melhores práticas, inovações, mapa de competências, maturidade dos projetos, políticas de remuneração
- Revisões do método
- Participação do Patrocinador na divulgação
- Treinamentos: workshops, e-learning, grupos de estudo, divulgação de cases, treinamentos externos para GPs.

Fonte: Autores.

Figura 3 – Método para utilização do EP como fonte de promoção da GC em Projetos.

4. Conclusão

Observou-se, no caso apresentado, que há uma grande oportunidade de incorporação de práticas de GC no Gerenciamento de Projetos que podem contribuir para o incremento do sucesso dos projetos e, por conseqüência, tornar a empresa mais competitiva.

O Gerenciamento de Projetos está presente em todas as áreas e é uma arma competitiva que vai além do plano interno das organizações, uma vez que o mercado exige cada vez mais organizações que estejam em sintonia com a necessidade de inovações, tanto em produtos como em processos e serviços. Para acompanhar as rápidas mudanças, é importante a aquisição de novas capacitações e novos conhecimentos.

Os projetos são grandes fontes de conhecimentos, pois abrigam uma combinação única de pessoas e tendem a acontecer uma única vez. As organizações que se preocupam em disseminar o conhecimento adquirido nesses projetos tendem a obter ganhos no início de novos projetos, por meio das práticas adquiridas, evitando erros já ocorridos no passado e reutilizando melhores práticas.

Percebe-se, também, que as duas disciplinas – Gestão do Conhecimento e Gerenciamento de Projetos – têm sido tratadas isoladamente e que não há, ainda, um aproveitamento otimizado dos recursos dos projetos, principalmente buscando-se aliar o gerenciamento de projetos com práticas e ferramentas de GC.

O resultado obtido no estudo de caso realizado permite concluir que o EP é a melhor estrutura para promover a GC em empresas organizadas por projetos. O EP, independentemente do estágio de maturidade e participação na Organização, sabe quais são os projetos que estão sendo desenvolvidos. No caso do HSBC Bank Brasil S. A., o EP detém controle de toda a listagem de projetos tecnológicos planejados e em desenvolvimento e, também, tem contato direto com os GPs, treina os recursos que atuam em projetos, promove a utilização da metodologia de gerenciamento de projetos, entre outras atividades.

Assim, baseado no estudo de caso desenvolvido no HSBC Bank Brasil S. A., é possível afirmar que o Escritório de Projetos é o local ideal para a promoção da GC, assim como os GPs são os principais elementos-chave para o sucesso dessa prática conjunta, uma vez que atuam diretamente com todas as equipes de projetos.

Nota

[1] Segundo critérios da contabilidade inglesa que exclui as amortizações.

Referências

FITZSIMMONS, J. A. **Administração de serviços: operações, estratégias e tecnologia de informação**. Porto Alegre: Bookman, 2000.

KERZNER, H. **Gestão de projetos: as melhores práticas**. Porto Alegre: Bookman, 2002.

NONAKA, I.; TAKEUCHI, H. **Criação de conhecimento na empresa: como as empresas japonesas geram a dinâmica da inovação**. Rio de Janeiro: Campus, 1997.

PRADO, D. **Gerenciamento de projetos nas organizações**. 2ª edição. Belo Horizonte: Editora de Desenvolvimento Gerencial, 2003.

VALERIANO, D. **Gerenciamento estratégico e administração por projetos**. São Paulo: Makron Books, 2001.

________, D. **Gerência em projetos: pesquisa, desenvolvimento e engenharia**. São Paulo: Makron Books, 1998.

VARGAS, R. V. **Virtual project management office: rompendo as barreiras geográficas em projetos**. (2002). Disponível em http://www.aec.com.br/vpmo. Acessado em 1º set., 2004.

VERZUH, E. **MBA compacto gestão de projetos**. Rio de Janeiro: Campus, 2000.

Ariane Hinça Scheneider – Mestre em Tecnologia pela Universidade Tecnológica Federal do Paraná, especialização em Finanças pela FAE Business School, Graduada em Ciências Econômicas pela Universidade Federal do Paraná. Atuou no HSBC Bank Brasil em Gestão de Projetos, principalmente ligados à Gestão de Processos e Gestão do Conhecimento. Atuou como professora na Universidade Tuiuti do Paraná e Faculdade Ensitec. Atualmente, é colaboradora do Sistema Federação das Indústrias do Estado do Paraná, onde atua no Observatório Senai de Prospecção e Difusão de Tecnologia, em Gestão de Projetos de Prospectiva Estratégica. E-mail: ariane.hinca@fiepr.org.br

Hélio Gomes de Carvalho – Consultor em Gestão Estratégica de Tecnologia e Inovação. Engenheiro Eletricista, mestre em Tecnologia pela UTF-PR e Doutor em Engenharia de Produção pela UFSC. Há 26 anos, é professor e pesquisador da Universidade Tecnológica Federal do Paraná e colaborador da Fundação da UTFPR. Atua no Programa de Pós-graduação em Tecnologia e no Programa de Pós-graduação em Engenharia de Produção. Participou em projetos e consultorias na área de gestão com Siemens, Embraer, Centro Internacional de Tecnologia de Software, Cefet-ES, Cefet-CE, entre outros. Atua na área de Engenharia de Produção, com ênfase em Gestão da Tecnologia, Gestão da Inovação Tecnológica, Planejamento Estratégico de Tecnologia, Gestão de Pesquisa e Desenvolvimento, Gestão de Projetos Tecnológicos, Gestão do Conhecimento Tecnológico e Inteligência Competitiva Tecnológica. Possui três capítulos de livros e dois livros publicados. Orientou trabalhos de mestrado e de especialização em organizações como Iguaçu Café, Brasiltelecom, HSBC, Siemens, Bosch, Volvo, Novozymes, O Boticário, Sadia, Rodonorte, Batávia, PUC-PR, entre outras. É Certified Project Manager level C pela ABGP/IPMA e presidente do Comitê de Certificação ABGP/IPMA no Brasil. E-mail: helio@utfpr.edu.br

Parte 4

Casos Gerais de Gestão do Conhecimento

11

Gestão do Conhecimento e Transformação dos Modelos de Gestão – um Retrato das Experiências do Grupo Votorantim

Filipe Cassapo

1. Introdução – O contexto de negócio do século XXI

Setembro 2006, Lincolnshire, leste da Inglaterra. Um novo dia começa para Rachael e John Neal, na linda e tranqüila cidade de Sleaford, 15 mil habitantes, na qual resolveram há tempo viver, longe do tumulto e da velocidade das cidades grandes. Uma pequena surpresa, porém, está esperando por eles: um correio da empresa *eBay*[1], parabenizando o casal pela aquisição do seu novo carro, um Nissan Figaro cor-de-rosa conversível. Um Nissan Figaro rosa comprado por 9 mil libras[2] pela internet? Nem Rachael nem John lembrava ter efetuado tal transação! Jack Neal, porém, seu adorável filho de 3 anos de idade, lembrou, ter ele apertado todos os botões do computador para ganhar um novo "carro grande", "igual ao do papai". Isso pode parecer incrível, mas trata-se de um fato verídico[3]: Jack Neal, de 3 anos, comprou por meio da internet um Nissan conversível, apenas repetindo o que ele sempre tinha visto seus pais fazerem: apertar os botões do computador. Rachael Neal revelou em uma entrevista, após essa incrível aquisição, que seu filho costuma, navegar sozinho na internet, desde os 2 anos.

Tirando o foco do lado sensacionalista dessa notícia, podemos abordá-la como um fato sintomático de uma nova realidade, um novo contexto que poderíamos caracterizar como "Contexto dos Negócios no Século XXI". Algo mudou profundamente para os indivíduos, para as organizações e para as Nações, nos últimos dez anos. Podemos ilustrar essa mudança com duas perguntas absolutamente simples. No seu contexto organizacional específico, o que teria acontecido, há dez anos, se o serviço corporativo de e-mail[4] da sua empresa fosse desconectado durante dez minutos? E o que acontece hoje na sua organização, quando o mesmo serviço de e-mail, ou a rede da intranet[5], encontra-se desconectado durante um simples minuto? O mundo mudou!

Existe um conjunto de análises retratando a dinâmica dessa mudança para o que ficou geralmente caracterizado como a "Sociedade do Conhecimento"[6]. Uma dessas análises, hoje clássica, foi realizada por Michel Cartier, professor da Universidade de Quebec, no seu artigo intitulado "2005, a Sociedade do Saber e sua economia"[7]. Essa análise mostra que a quebra de paradigma socioeconômico, cuja última consequência são as alterações comportamentais e sociais dos indivíduos e das organizações, é, na realidade, a consequência de duas mutações prévias: uma mutação tecnológica (a emergência da internet, que podemos datar de 1992[8]), seguida de uma mutação econômica (o comércio eletrônico e a virtualização da economia, que podemos datar de 1999). Jack Neal e sua Nissan rosa, a nossa dependência da internet, dos e-mails, e outros *instant-messaging*[9], os ciclos acelerados de aprendizagem e renovação do saber, o foco essencial das organizações nos processos de inovação, todos são, em última análise, fenômenos consequentes de uma simples mutação tecnológica: a invenção da grande "rede de redes" conhecida como a internet.

Em poucas palavras-chave, o "Contexto dos Negócio do Século XXI" pode ser caracterizado pelos fenômenos de:

- **globalização:** o movimento generalizado de conexão e interdependência imediata de todas as nações, culturas e indivíduos;
- **hipercompetição:** a consequente conexão dos mercados locais em um macromercado global, resultando, do ponto de vista das organizações, no crescimento exponencial dos competidores, em todos os ramos da economia;

- **hiperinformação**: o crescimento exponencial da geração e do consumo da informação, bem como dos seus canais de transmissão;
- **aceleração das mudanças**: a conseqüente corrida acelerada das organizações para o *novo*, por meio do consumo da informação, e em reação à hipercompetição, visando garantir sua sobrevivência no mercado globalizado;
- **redução dos ciclos de vida de produtos, serviços e processos:** a conseqüente redução dos ciclos de vida dos produtos, serviços e processos das organizações, renovados de forma acelerada por processos de inovação;
- **acentuação das preocupações pela sustentabilidade:** o constante questionamento das organizações e da sociedade a respeito dos impactos socioambientais das mudanças, visando preservar a própria espécie humana.

2. Transformações adaptativas dos modelos de gestão no contexto atual dos negócios

2.1 Conhecimento, inovação e transformação dos modelos de gestão

Como falava Charles Darwin há 150 anos, em decorrência da formulação de um dos maiores princípios filosóficos universais da biologia, a Teoria da Seleção Natural, "não são os mais fortes da espécie que sobrevivem, nem os mais inteligentes, mas sim os que melhor respondem às mudanças" (Darwin, 1859). Todos conhecem a hoje popular descoberta de Darwin no campo da biologia: o meio ambiente constitui para as espécies de um determinado ecossistema um conjunto de pressões competitivas, e as espécies que, por um acaso genético, desenvolverem uma característica que facilite sua sobrevivência aumentarão estatisticamente suas chances de reprodução e, logo, de transmissão da característica responsável pela nova vantagem. O fascinante lado filosófico dessa descoberta é que ela se aplica de forma imediata a inúmeros outros campos do saber, entre eles a própria economia. Efetivamente, a economia competitiva constitui para as organizações um ecossistema, no qual as empresas mais adaptadas acabam sobrevivendo, respondendo de forma adequada às mudanças não só econômicas, mas também, e principalmente, sociais. A única, porém consequente, diferença entre a seleção natural biológica das espécies e a seleção econômico-social das organizações é o fato de que, se uma mudança biológica vantajosa acontece ao acaso de uma mutação genética[10], uma mudança estratégica competitiva deve acontecer de forma refletida, planejada e baseada em fatos e aprendizagens organizacionais. Em outras palavras, as organizações precisam ser capazes de perceber mudanças de contexto e cenários, para, então, poderem tomar decisões estratégicas acertadas e garantir dessa forma não só seu crescimento, mas também sua própria sobrevivência.

No "Contexto dos Negócio do Século XXI", a "Sociedade do Conhecimento", um ambiente globalizado, hipercompetitivo, hiperinformado, repleto de mudanças e incertezas, e onde a sustentabilidade das ações e decisões tomadas não é uma opção, é exigido das organizações:

- foco e preocupação constante com suas **estratégias**;
- grande **flexibilidade** nos seus relacionamentos internos e externos;
- **entendimento** profundamente **individualizado** de todos os seus clientes e outros atores dos negócios e da sociedade;
- **rapidez** exponencialmente crescente da sua capacidade de reação e tomada de decisão;
- **capacidade processual perfeitamente dominada de inovar e fazer uso intensivo do seu conhecimento e do conhecimento disponível na sociedade.**

Esse conjunto de exigências radicais decorrentes de uma mudança de contexto tão rápida, significa, na prática, que todas as organizações, para garantir sua perenidade, estão atualmente passando por **processos de transformação sistêmica dos seus modelos de gestão.** Entre eles, podemos citar: a criação de mecanismos garantindo a utilização sistemática do *Conhecimento* nas dimensões da **Memória** (a sabedoria compartilhada entre gerações do negócio), da **Inteligência** (o entendimento do contexto e dos atores do negócio, em particular dos clientes) e da **Inovação** (a transformação das ideias dos atores do negócio, e em particular dos colaboradores da empresa, em valor agregado perceptível e reconhecido pelos clientes).

2.1.1 Conhecimento: um objeto ou um processo?

O conhecimento e, em particular, sua adequada geração, assimilação e utilização tornam-se, portanto, variáveis essenciais do sucesso e da perenidade dos negócios, a serem consideradas nas agendas de todos os líderes e executivos do século XXI. Por esse motivo, não poderíamos omitir uma reflexão mínima acerca da natureza desse "ativo intangível"[11].

A abordagem epistemológico-empresarial mais comum que pode atualmente ser encontrada propõe a clássica dicotomia "Conhecimento Tácito – Conhecimento Explícito", baseando-se em uma interpretação simplificada da hoje famosa "Espiral do Conhecimento" dos pesquisadores japoneses Nonaka e Takeuchi (1995). A conseqüência pragmática essencial dessa abordagem se caracteriza pela obcecada vontade das organizações de converter seus *conhecimentos tácitos* (estes enraizados no fundo das cabeças dos seus colaboradores) em *conhecimentos explícitos* (que seriam as documentações e os sistemas de informação nos quais os *conhecimentos tácitos* poderiam ter sido extraídos e armazenados, tornando-se, dessa forma, independentes dos indivíduos). Esse raciocínio e a estratégia de conversão decorrente parecem, à primeira vista, conceitualmente corretos. Será? Faz realmente sentido falar em conhecimento se este não for a opinião, a percepção ou a experiência de um ser humano? Qual seria, então, a diferença entre o rapidamente chamado "conhecimento explícito" e a informação? Informação e conhecimento não seriam entidades diferentes? Não só as abordagens neurocientíficas atuais[12], como também o simples bom senso levam-nos a perceber que a informação é, com certeza, a matéria-prima essencial do conhecimento, mas não é, porém, o conhecimento *em si*. Efetivamente, para transformar uma determinada informação em um conhecimento que possa ser *o meu conhecimento*, é necessário interpretar e reenquadrar essa informação nas minhas crenças, nos meus valores e conhecimentos prévios. Pragmaticamente falando, um mesmo relatório lido, interpretado e assimilado por dois indivíduos diferentes gerará dois conhecimentos que, em função das circunstâncias, podem ser bastante diferentes.

Na realidade, a obcecada vontade de explicitar o tácito e lidar exclusivamente com informações possui motivos óbvios. O fato é que não só o mundo dos negócios, mas também de forma geral a ciência se sente mais confortável em lidar com o *tangível*, que poderíamos chamar de "mundo dos objetos". Nesse mundo, o conhecimento também passa ser um objeto, e a gestão dos documentos, a principal missão de uma iniciativa de Gestão do Conhecimento. Contudo, pelo simples fato do somatório "1 ideia + 1 ideia" dificilmente dar o resultado de "2 ideias"[13], é obvia a prova de que o conhecimento não é um objeto, e não pode, portanto, ser gerenciado como tal. Como consequência direta desse raciocínio, a clássica e óbvia ideia de que, por ser precioso, o conhecimento deveria ser armazenado para não ser perdido não faz mais nenhum sentido. **O conhecimento, por essência, intangível, não pode ser armazenado!**

Se o conhecimento não é um objeto, e se não pode ser armazenado, o que fazer com ele para poder obter alguma vantagem competitiva a partir desse ativo problemático? Se o conhecimento não é um objeto, ele deve, então, ser um "processo", ou seja, algo que emerge da interação entre as pessoas por meio de um conjunto de artefatos. Concretamente, se o conhecimento for (e ele realmente é!) um processo, então é preciso, antes de qualquer coisa, **ser capaz, em uma organização, de criar as condições adequadas para a sua geração, a sua transferência, a sua retenção e a sua aplicação**.

2.1.2 Criando "as condições adequadas para..."

A proposta do conhecimento como processo não deve obviamente ser entendida como uma negação generalizada do papel da informação e da documentação em uma organização. Não devemos esquecer o fato de que a informação é a matéria-prima do conhecimento, e, pragmaticamente falando, seria completamente absurdo negar o conjunto dos benefícios que trouxeram os movimentos da padronização e da gestão da qualidade total. Contudo, a questão do foco é importante. Como o desafio principal do contexto atual dos negócios consiste em possuir uma capacidade processual de **inovar** e fazer uso intensivo do **conhecimento**, o que realmente gera vantagem competitiva não é o gigantesco conjunto do *conhecimento potencial* representado pelas massas de informações disponíveis, mas sim a ação efetiva obtida por meio do conhecimento pragmaticamente gerado e assimilado pelos indivíduos. A informação, dessa forma, passa a ser percebida como meio, e não fim. Ela se torna o meio que os indivíduos *poderão* utilizar, **se as condições motivacionais e ambientais estiverem favoráveis**, para multiplicar o conhecimento organizacional, de forma a favorecer o sucesso dos negócios. Em um ambiente caracterizado pela hiperinformação, não são com certeza os meios que faltam. O que pode efetivamente faltar, para desencadear o movimento de agregação de valor por meio do conhecimento, é a **existência de um ambiente favorável à emergência de redes dinâmicas e flexíveis de conhecimento, que precisam formar-se espontaneamente por agregação colaborativa de atores do negócio, em resposta quase instantânea à aparição de um elemento contextual novo.** Como sabemos, no contexto atual, a dinâmica dos imprevistos e das novidades tornou-se extraordinariamente acelerada, o que implica que a espontaneidade e a flexibilidade das redes de conhecimento devam também ser extremas.

Em resumo, o desafio da transformação dos modelos de gestão imposto pelo novo contexto dos negócios consiste em favorecer a emergência espontânea de redes de conhecimento, por meio da criação de condições ambientais adequadas na organização. A natureza dessa mutação emergente poderia ser comparada a uma reação química, na qual um conjunto de componentes deveria ser reunido em um mesmo ambiente organizacional, para que seja desencadeada espontaneamente a reação da transformação. Esses componentes seriam:

- **uma governança organizacional que incentivasse uma gestão do todo como um todo**, e não das partes de forma separada (pragmaticamente falando, uma organização gerenciada de forma holística como um "grupo único");
- **a existência e o compartilhamento na organização de um conjunto de valores**, que demonstrassem e incentivassem a **confiança** entre os indivíduos; tal confiança é o cimento essencial dos relacionamentos verdadeiros;
- **o desenvolvimento constante de lideranças**, que atuassem sistematicamente como **modelos**, catalisando, por meio do seu próprio exemplo, a emergência de redes de conhecimento descentralizadas;

- **a existência de práticas flexíveis e dinâmicas de geração instantânea de fluxos múltiplos de informação**, permitindo a todos os atores do negócio se relacionar de forma imediata.

Uma vez esses ingredientes reunidos, a sinalização dada pelo comportamento das lideranças, atuando como catalisadores por meio do seu papel como modelo, resultará naturalmente na transformação sistêmica do comportamento de todos os indivíduos, ou seja, da própria cultura organizacional, permitindo uma metamorfose da organização pouco conectada e estática, para a organização hiperconectada e dinâmica. Os benefícios obtidos por essa mutação irão ao perfeito encontro das necessidades do Contexto dos Negócios do século XXI:

- a criação de uma **Memória Organizacional**, caracterizada pela transmissão de sabedoria entre as gerações, conectadas por meio de redes de conhecimento;
- a geração de uma **Inteligência de Negócio**, que permite a assimilação rápida de tendências e cenários por parte de toda a organização, por meio de redes externas, elas mesmas conectadas às redes internas;
- o fortalecimento da **Criatividade** dos indivíduos, potencializada na direção da obtenção de **Inovações** incrementais, substanciais ou até radicais, que proporcionam uma fonte inegável de vantagem competitiva.

Como ilustrado na Figura 1, a organização passa a ser percebida como uma rede de redes, simbioticamente incluída na macrorrede que constitui a sociedade.

Após essa breve explanação de algumas idéias e conceitos que norteiam o que acreditamos ser uma transformação bem-sucedida de uma organização em resposta às exigências do "Contexto dos Negócios do Século XXI", retrataremos agora alguns dos aspectos essenciais do mesmo esforço de transformação que vem acontecendo nos últimos anos no Grupo Votorantim. Focaremos, especificamente, a dimensão *conhecimento*.

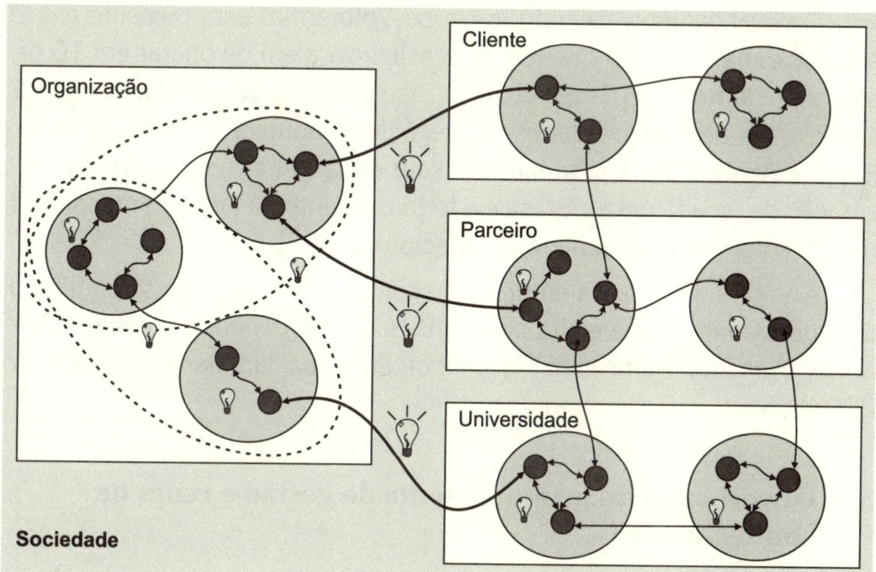

Fonte: Criada pelo autor.

Figura 1 – A sociedade como uma macrorrede de redes.

3. Gestão do Conhecimento e transformação dos modelos de gestão: um retrato das experiências do Grupo Votorantim

3.1 O Grupo Votorantim

Fundado em 1918, e contando com mais de 30 mil colaboradores, o Grupo Votorantim[14] é hoje um dos maiores conglomerados empresariais privados da América Latina. O Grupo opera nos segmentos industrial, financeiro e de novos negócios, e possui operações nos mercados de cimento e concreto, mineração e metalurgia (alumínio, zinco, níquel e aço), celulose e papel, suco de laranja concentrado, especialidades químicas, na autogeração de energia elétrica; no setor financeiro, o Banco Votorantim investe também em empresas de biotecnologia e tecnologia da informação. Juntos, esses negócios resultaram em uma receita líquida anual de R$ 19 bilhões em 2005, com um lucro líquido de R$ 2,6 bilhões.

Geograficamente falando, o Grupo Votorantim está presente em 20 estados e mais de 100 municípios brasileiros, além de operar em 10 países, além do Brasil. O Grupo começou seu processo de internacionalização em 2001 e hoje as Unidades de Negócio Cimentos, Metais, Celulose e Papel e Agroindústria já atuam em solo estrangeiro, contribuindo para a geração de receita para o Brasil e o fortalecimento da imagem do país e da marca Votorantim no cenário internacional.

A Votorantim é uma empresa de controle familiar, que se orgulha de ter sido reconhecida e eleita pela IMD *Business School* e *Lombard Odier Darier Hentsch Bank* como a melhor empresa familiar do mundo em 2004[15].

3.2 Governança do grupo, sistema de gestão e redes de conhecimento

Os princípios, as iniciativas e as estruturas de gestão que constituem a essência da Governança Corporativa de uma organização são fundamentais para a criação das condições ambientais adequadas à emergência de redes dinâmicas de conhecimento. O contexto do Grupo Votorantim é o de uma organização que possui um portfólio de negócios rico em diversidade. Um contexto tão diversificado é, obviamente, muito propício à transferência e à geração de conhecimentos múltiplos, na medida em que a própria organização sinaliza a sua vontade de ser um **Grupo Único**. Com os desdobramentos operacionais, estruturais e gerenciais dessa *unidade na diversidade*, as eventuais barreiras que poderiam impedir a circulação das pessoas e dos fluxos de conhecimento entre os negócios podem, então, desaparecer, deixando emergir redes que transcendem uma determinada especialidade de negócio, como o Metal, o Papel ou o Suco de Laranja. O valor agregado para todos os negócios é obviamente gigantesco, na medida em que o conhecimento gerado por um negócio pode, dinâmica e rapidamente, ser transferido e aproveitado por um outro negócio.

Essa é exatamente a filosofia que permeia a Governança da Votorantim como um **Grupo Único**, onde todos os colaboradores pertencem a uma mesma entidade unida, e onde a circulação dos indivíduos e do conhecimento é incentivada pelas lideranças e pelo próprio sistema de gestão do Grupo, conhecido como **"Sistema de Gestão Votorantim" (SGV)**.

Criado em 2002, e aplicado ao conjunto dos Negócios da Votorantim Industrial, o SGV foi construído como uma iniciativa de catalisação de sinergias e redes de conhecimento que podiam já naturalmente existir nos principais processos da empresa. Seu principal objetivo foi, portanto, integrar os negócios por meio da captação de sinergias e da troca de melhores práticas entre eles. Concretamente falando, o SGV representou a criação de mais de 20 equipes matriciais chamadas de "Equipes Temáticas", empoderadas e desafiadas para compartilhar experiências, realizar *benchmarkings*[16] internos e externos, e institucionalizar práticas e habilidades de classe mundial nos processos da empresa. A Figura 2 mostra os pilares e os processos que foram escolhidos no SGV, para praticar o exercício da sinergia e da troca de boas práticas entre os Negócios da Votorantim Industrial. Cabe observar nessa ilustração a presença dos temas "Inovação" (no Pilar Sustentabilidade) e "Gestão do Conhecimento" (no Pilar Pessoas), denotando o caráter estratégico desses temas para o Grupo.

Os resultados obtidos por meio dessa sinalização, na estrutura da Gestão, da vontade de unir as experiências por meio de redes dinâmicas de colaboração que já trouxeram e continuam trazendo, resultados qualitativos e quantitativos muito positivos para a Votorantim. Uma das maiores aprendizagens da iniciativa do SGV, em termos de Gestão do Conhecimento, é a importância em uma organização de concretizar seu modelo de Governança por meio de iniciativas de gestão que incentivam diretamente a troca de experiências entre as mais diversas populações de uma empresa.

Pilar Operações	**Pilar Clientes**	**Pilar Infraestrutura**	**Pilar Sustentabilidade**	**Pilar Pessoas**	**Pilar Corporativo**
Produção	Comercial	Logística	Agro-Florestal	Gestão de Pessoas	Suprimentos
Energia	Comunicação	Capex	SSMA	Gestão do Conhecimento	Finanças
Mineração	Marketing	6 Sigma	Inovação		TI
		Padronização			

Fonte: Dados da Votorantim Industrial (2005).

Figura 2 – Pilares e equipes temáticas do SGV em 2005.

3.3 Criando "as condições adequadas para" identidade e valores compartilhados

Uma vez que a Governança Organizacional e o sistema de gestão decorrente sinalizam e incentivam a união das experiências por meio da colaboração e da troca de conhecimento, o grupo único pragmaticamente criado precisa beneficiar-se de uma identidade e de valores compartilhados. Tal identidade permitirá, principalmente em função dos valores que vincula, fomentar a confiança essencial à geração de relacionamentos verdadeiros entre as pessoas.

A identidade Votorantim[17] é constituída de quatro eixos, que, juntos, formam o que chamamos de "Jeito de Ser Votorantim":

- a **Visão** do Grupo Votorantim;
- a **Aspiração** do Grupo Votorantim;
- os **Valores** do Grupo Votorantim;
- o **Código de Conduta** do Grupo Votorantim.

A Visão do Grupo Votorantim

O primeiro elemento fundamental da criação de uma identidade entre um conjunto de pessoas envolvidas em um empreendimento consiste em possuir uma visão comum deste empreendimento. A Visão do Grupo Votorantim é:

> Assegurar crescimento e perenidade como um grupo familiar de grande porte, respeitado e reconhecido na comunidade onde atua, com foco na criação de valor econômico, ambiental e social por meio de:
>
> - valores éticos que orientam uma conduta empresarial responsável;
> - negócios altamente competitivos;
> - busca de soluções criativas e inovadoras para seu portfólio;
> - pessoas motivadas para alto desempenho.

Além de constituir um norte compartilhado entre os indivíduos, facilitando, portanto, o processo de identificação e a sensação de pertencer a um todo coerente e unido, a visão ressalta alguns elementos essenciais para a criação de redes de conhecimento: **o compartilhamento e o respeito de valores éticos e a busca constante de soluções criativas e inovadoras**. Cabe também ressaltar o destaque dado à responsabilidade socioambiental das iniciativas do Grupo.

A Aspiração do Grupo Votorantim

- Triplicar o valor dos negócios do grupo na primeira década do século XXI, por meio da consolidação dos principais negócios e da busca de oportunidades em novos segmentos ou nos tradicionais.
- Atingir padrões de classe mundial na operação e na gestão, comparáveis aos das melhores empresas globais.

A aspiração constitui um conjunto de desafios que são colocados para todos os colaboradores do Grupo, para que cada um possa dar a sua contribuição no dia-a-dia dos Negócios. Analisando a aspiração sob a ótica das redes de conhecimento, visualizamos novamente a vontade de **aprender de forma colaborativa, para então perseguir padrões de classe mundial de operação e gestão**. Essas são, obviamente, as raízes do SGV que analisamos anteriormente como uma estrutura que incentivou diretamente a criação de redes de conhecimento.

Os Valores do Grupo Votorantim:

> Os cinco Valores Votorantim expressam o jeito de ser do grupo e permeiam todas as ações, as decisões e o relacionamento da Votorantim com seus públicos. São eles:

- **solidez**: buscar crescimento sustentável com geração de valor;
- **ética**: atuar de forma responsável e transparente;
- **respeito**: respeitar as pessoas e ter disposição de aprender;
- **empreendedorismo**: crescer com coragem de fazer, inovar e investir;
- **união**: atuar segundo o princípio de que o todo é mais forte.

De todos os elementos da Identidade de um Grupo, os valores representam, sem dúvida, o mais importante, quando se trata de criar condições adequadas para a emergência de redes de conhecimento. Efetivamente, como ressalta o pai conceitual da noção de "Comunidade de Prática",

Etienne Wenger[18], para que uma comunidade de conhecimento emerja e mantenha uma real atividade de construção e transferência de conhecimento, os membros dessa comunidade devem ser **unidos pela confiança**. Tal confiança deve, obviamente, ser construída em cima de uma sólida plataforma de valores compartilhados. Dos cinco valores que constituem a identidade do Grupo Votorantim, **Respeito**, **Empreendedorismo** e **União** chamam, certamente, de forma mais direta o incentivo às redes de troca de conhecimento – o respeito ressaltando a vontade de aprender de forma colaborativa, a união claramente afirmando que o todo gera força, e o empreendedorismo mobilizando para a criatividade e a inovação.

É importante ressaltar que os valores do grupo foram ***revelados*** em um trabalho de entrevistas, que envolve todos os níveis da organização, realizado entre 2003 e 2005. O conceito de *revelação* traz a importante dimensão humana desse trabalho, que se consagrou como uma reflexão de toda a Votorantim a respeito dos valores que constituem a essência da nossa União. Essa revelação culminou na divulgação dos valores, momento em que, além da campanha interna de comunicação, foram organizadas reuniões de reflexão em todos os setores de todos os negócios do Grupo, para trazer os valores no cotidiano de todos os colaboradores.

O Código de Conduta do Grupo Votorantim

O Código de Conduta[19] reúne os princípios que norteiam o comportamento de toda a Equipe da Votorantim nos seus relacionamentos com os diversos atores dos negócios e da sociedade, em temas como propriedade intelectual, contratos, brindes e presentes, saúde, segurança e meio ambiente, sendo um desdobramento imediato dos valores do Grupo. O documento foi concebido em 2005.

3.4 Lideranças e catalisação das mudanças

A identidade do Grupo, como desdobramento da própria Governança Corporativa, constitui um terreno absolutamente fértil para a emergência de redes espontâneas e dinâmicas de conhecimento. Voltando, porém, à metáfora da transformação sistêmica como uma reação química, lembramos que toda reação tem seu catalisador, cujo objetivo é aproximar os componentes da reação para que esta se torne efetiva. No mundo organizacional, esses agentes ativos que transformam o potencial em real são, obviamente, os líderes. Entende-se, aqui, o líder não como o *chefe*, tradicionalmente enxergado como capaz de exercer poder em função da sua posição hierárquica, mas como o indivíduo que, por meio da sua influência, é capaz de mudar a realidade organizacional e propiciar o crescimento dos indivíduos à sua volta[20].

O líder assim caracterizado possui um estilo e um conjunto de atributos comportamentais essenciais para a emergência espontânea das redes de conhecimento:

- é capaz de **mobilizar** os indivíduos sobre os quais exerce sua influência na direção do compartilhamento do conhecimento;
- exibe, em função da adesão que gera, capacidades de **concretização** pragmática das redes;
- possui e exerce características de **transformação** do ambiente e das ideias, sendo um catalisador da criatividade e da inovação;
- representa na sua atuação a materialização comportamental dos **princípios** e dos **valores** da organização, que ele irradia constantemente.

Da mesma forma, no contexto da Votorantim, os líderes devem, no cenário atual, não apenas empenhar-se em obter os melhores resultados, mas também fazê-lo de modo que integrem as pessoas, motivem o trabalho em equipe, estimulem o crescimento contínuo das pessoas e promovam a inovação. Para suprir essa necessidade catalítica de desdobramento das ações de liderança, foi criado, em 2005, o **Sistema de Liderança Votorantim (SLV)**, um modelo integrado voltado a atender às demandas da estratégia dos negócios no que se refere ao desenvolvimento de líderes. No SLV, o líder Votorantim é descrito a partir de um conjunto de competências que permitam o aprimoramento de resultados e de um estilo capaz de orientar pessoas e influenciar ambientes (Figura 3). Com base nesse perfil, o sistema estabelece uma rota de evolução de carreira que aponta marcos e desafios relevantes na evolução dos líderes, bem como aspectos a desenvolver em cada estágio dessa evolução.

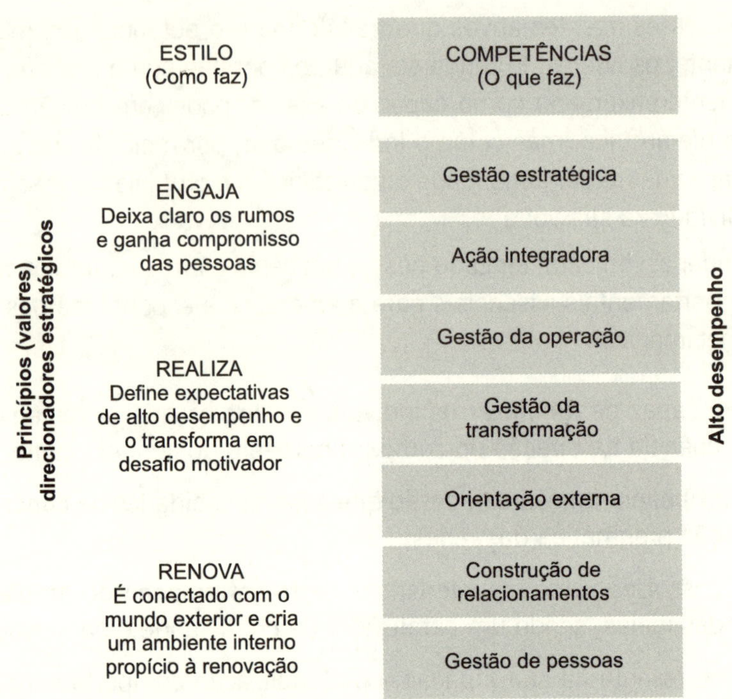

Fonte: http://www.votorantim.com.br/PTB/Gestao_de_Pessoas/Desenvolvimento_de_Liderancas/

Figura 3 – O estilo e as competências do líder Votorantim.

Quando se fala, portanto, em "*gerar um ambiente adequado para...*", é óbvia a afirmação de que o estilo das lideranças poderá catalisar, ou, ao contrário, paralisar, a emergência das redes dinâmicas de conhecimento. Cabe, dessa forma, uma rápida análise do Estilo de Liderança Votorantim, sob a ótica da Gestão do Conhecimento. O líder Votorantim é o indivíduo que, *no seu jeito de fazer*, é capaz não só de **engajar** (ganhar o compromisso das pessoas) e **realizar** (transformar o alto desempenho em desafio motivador), mas também de **renovar**. Renovar significa, aqui, que esse líder é "**conectado com o mundo exterior e cria um ambiente interno propício à inovação**". Em termos comportamentais, o líder Votorantim:

- cria um ambiente descontraído, que facilite a interação entre as pessoas e o trabalho em equipe;

- estimula a inovação, facilitando o fluxo de geração e a implementação de ideias;
- entende e usa o meio externo como uma fonte permanente de renovação;
- estimula a troca de conhecimento, experiências e informações;
- promove a integração de diferentes equipes;
- cria oportunidades para discutir melhorias com a equipe e com os parceiros.

Em outras palavras, o estilo perseguido do Líder Votorantim constitui uma verdadeira busca na direção de catalisar a emergência das redes de conhecimento, criatividade e inovação.

Pragmaticamente falando, o estilo e as competências do SLV são utilizados desde 2005 para realizar avaliações 360 graus[21], com cerca de mil líderes. Essas avaliações são apenas o ponto de partida para uma estratégia de desenvolvimento das lideranças, constituída não só por planos de desenvolvimentos individuais, mas também, desde o fim de 2006, pela Academia de Excelência Votorantim[22]. A Academia de Excelência, bem como todas as outras ações dos planos de desenvolvimento, visa, obviamente, entre outros objetivos, a fortalecer o estilo do líder Votorantim, ocasionando o reforço das condições adequadas para a emergência das redes de conhecimento.

3.5 Desdobramentos operacionais das redes e Gestão do Conhecimento

Com uma **Governança Organizacional** que incentive uma gestão do todo como um todo, a existência e o compartilhamento de um conjunto de **Valores** que demonstram e fortalecem a confiança e o desenvolvimento constante de **Lideranças** que atuem como **modelos**, o último dos quatro componentes essenciais ao favorecimento da criação do *processo conhecimento*, por meio da emergência de redes dinâmicas, consiste no fomento de **práticas flexíveis e dinâmicas de geração instantânea de fluxos múltiplos de informação**.

Essas práticas, que podem operacionalmente ser chamadas de "Práticas de Gestão do Conhecimento", acabam não só sendo reforçadas pelo ambiente propício à colaboração, como também fortalecendo esse mesmo ambiente. Todas elas, sistematicamente, envolvem a criação de ambientes presenciais e virtuais, onde o conhecimento é compartilhado, superando as eventuais barreiras geográficas, temporais, hierárquicas, sociais ou temáticas, que poderiam existir entre os indivíduos.

Para estudar e institucionalizar tais práticas na Votorantim, foi criada, em 2005, no contexto do SGV, a **Equipe Temática de Gestão do Conhecimento**, que se deu por missão: "*Ser o agente de conceituação, implementação e sustentação dos processos, das práticas e das ferramentas de Gestão do Conhecimento, estimulando as mudanças culturais necessárias*". Como toda a Equipe Temática, esse grupo de trabalho matricial, composto por representantes de todos os negócios da Votorantim Industrial, iniciou sua atuação com a realização de um conjunto de *benchmarkings* internos e externos, de forma a conceituar a Gestão do Conhecimento e a identificar boas práticas.

A **Gestão do Conhecimento** foi, dessa forma, definida como um conjunto de processos visando fomentar a criação, a disponibilização, a localização, a internalização, o compartilhamento, a retenção, a proteção e a utilização prática, das idéias, das experiências e dos saber-fazer estratégicos da organização, de forma a potencializar o desenvolvimento dos colaboradores e do Grupo, melhorar o processo de tomada de decisão e a gerar valor e aumentar a competitividade dos negócios.

A próxima etapa do trabalho dessa equipe consistiu em escrever e disponibilizar o "Manual de Práticas Votorantim de Gestão do Conhecimento", cuja concretização se deu na criação do "**Portal do Conhecimento Votorantim**" (Figuras 4 e 5). O Portal do Conhecimento consiste em um ambiente eletrônico hospedado no Portal Corporativo Votorantim (desenvolvido na ferramenta *Microsoft Sharepoint*) que visa, exatamente, a favorecer a criação de fluxos dinâmicos e instantâneos de informação, como meios de fomentar a emergência operacional das redes de conhecimento.

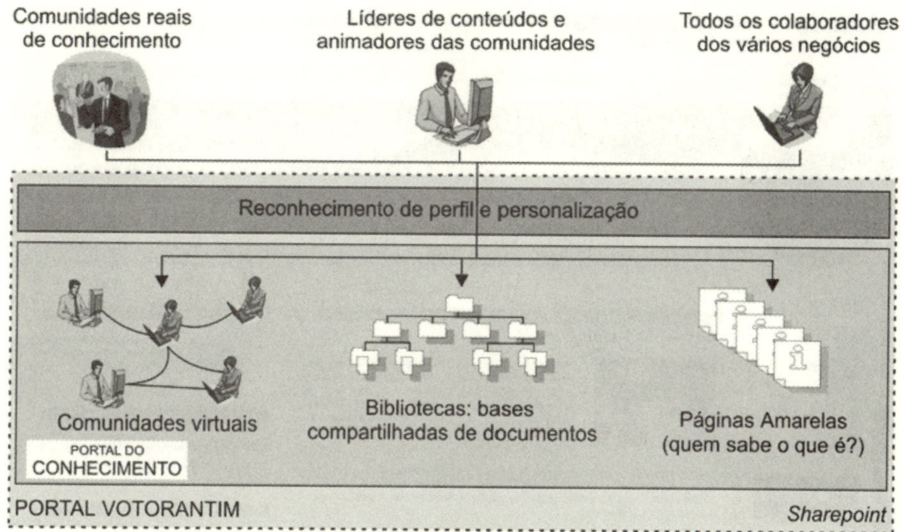

Figura 4 – Conceitos e arquitetura simplificados do Portal do Conhecimento Votorantim.

Os serviços atuais ofertados pelo Portal do Conhecimento Votorantim são:

- as **Bibliotecas Colaborativas de Documentos**, que possuem o conjunto das facilidades clássicas dos sistemas de GED[23], como a gestão dos metadados[24], da taxonomia[25], da versão dos documentos, entre outros;
- as **Comunidades Virtuais**, que possuem também as funcionalidades clássicas de colaboração síncrona (*instant-messaging*) e assíncrona (fóruns de discussão, pesquisas etc.);
- as **Páginas Amarelas**, que consistem em um sistema de mapeamento e busca de *expertises*, no qual os participantes declaram espontaneamente suas experiências e seus conhecimentos, para permitir aos outros colegas buscar e descobrir quem possui que tipo de conhecimento;
- o **Motor de Busca do Portal**, que permite realizar buscas em todas as funcionalidades acima descritas.

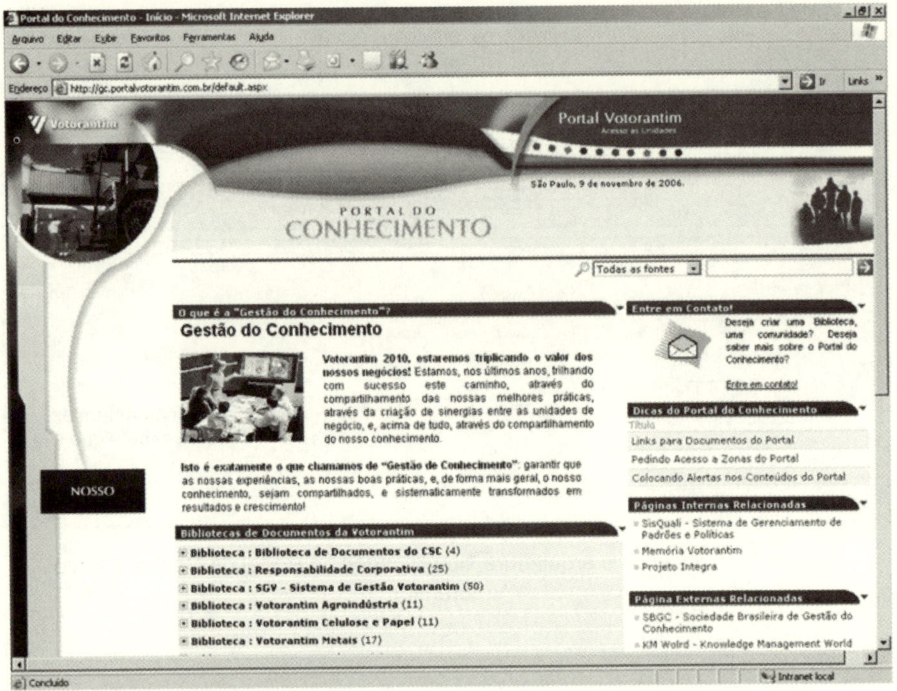

Fonte: Intranet da Votorantim Industrial (2006).

Figura 5 – O Portal do Conhecimento Votorantim.

Uma consideração importante e rica em lições aprendidas é o fato de que o Portal do Conhecimento foi construído a partir da alavanca corporativa de uma boa prática interna, que existia desde 2003 na Unidade de Negócio Cimentos: o "Canal do Conhecimento". Esse fato é definitivamente interessante na medida em que, muitas vezes, pelo fato de a "Gestão do Conhecimento" fazer referência a algo novo, pense-se que suas práticas devem ser inventadas na organização. Na realidade, nenhuma organização poderia ter chegado até os dias de hoje sem possuir práticas mínimas de compartilhamento do conhecimento. Isso significa, pragmaticamente, que o trabalho de institucionalização de práticas suportando as redes de conhecimento passa muitas vezes pela identificação interna dessas práticas e pela sua alavanca corporativa. Querer negar a importância das iniciativas preexistentes seria, no mínimo, autocontraditório, para uma equipe que pretenderia fomentar a troca de conhecimento, pois ela iniciaria sua atuação pela negação imediata do convite a aprender e compartilhar!

No fim do ano 2007, o Portal do Conhecimento Votorantim continua seu crescimento, gerando uma adesão espontânea cada vez maior dos colaboradores do Grupo. O maior desafio para o ano 2008 consistirá em fomentar o crescimento de uma quantidade maior de Comunidades de Prática, baseado em uma gestão hoje completamente descentralizada do Portal.

4. Conclusões, lições aprendidas e desafios futuros

Inúmeros desafios aguardam todos os colegas da Votorantim nos próximos anos! Especificamente, o ano 2008 contará com o lançamento da iniciativa corporativa de inovação *Espontânea* e *Induzida*. Os processos de **Inovação Espontânea** consistirão em incentivar a geração de ideias inovadoras que possam ser objeto de uma implementação concreta e rápida, agregando valor para os negócios e fomentando o intraempreendedorismo[26]. Os processos de **Inovação Induzida** fomentarão o crescimento das chamadas "Plataformas de Inovação", que consistem em grupos pluridisciplinares e matriciais de pessoas, desafiadas para produzir portfólios de projetos inovadores alinhados com as estratégias dos negócios. Tanto a inovação espontânea como a inovação induzida se beneficiarão das redes de conhecimento, e também as fortificarão.

Esses últimos anos de envolvimento em processos de mudança nos trouxeram uma visão relativa da clássica noção de "Gestão do Conhecimento" como uma gestão do que poderia ser interpretado como o "objeto conhecimento". Obviamente, não se pode negar o fato de a informação possuir uma importância fundamental nos processos de geração, transferência e retenção do conhecimento. Contudo, não podemos em nenhum momento esquecer que a informação não deixa de ser um meio: o meio de conectar as pessoas. Com base nessa constatação, uma Gestão do Conhecimento cuja missão seria uma simples gestão eletrônica dos documentos seria, no mínimo, incompleta. Efetivamente, se a informação permite a agregação de valor à medida que ela é utilizada na geração de redes dinâmicas de conhecimento, então uma verdadeira "Gestão do Conhecimento" deveria ser muito mais caracterizada **como um esforço sistêmico de geração de um conjunto de condições adequadas para a emergência dessas redes**. Neste capítulo, tentamos retratar as recentes experiências do Grupo Votorantim na rota da transformação, na direção de uma visão holística de uma Gestão do Conhecimento como uma transformação do modelo de gestão baseados em quatro pilares essenciais:

- uma **Governança Organizacional** que incentive uma gestão do todo como um todo;
- a existência e o compartilhamento na organização de um conjunto de **Valores**, que demonstram e incentivam a **confiança** entre os indivíduos;
- o desenvolvimento constante de **Lideranças**, capazes de atuar como modelos, catalisando, por meio do seu próprio exemplo, a emergência das mudanças;
- a existência de práticas flexíveis e dinâmicas de **geração instantânea de fluxos múltiplos de informação**, permitindo a todos os atores do negócio se relacionar de forma imediata.

Tentamos também defender que os benefícios de tal mutação sistêmica dos modelos de gestão vão ao encontro direto das exigências atuais do contexto dos negócios, propiciando:

- a criação de uma **Memória Organizacional**, caracterizada pela transmissão de sabedoria entre as gerações, conectadas por meio de redes de conhecimento;
- a geração de uma **Inteligência de Negócio**, que permite a assimilação rápida de tendências e cenários por parte de toda a organização, por meio de redes externas, elas mesmas conectadas às redes internas;
- o fortalecimento da **Criatividade** dos indivíduos, potencializada na direção da obtenção de **Inovações** incrementais, substanciais ou até radicais, que proporcionam uma fonte inegável de vantagem competitiva.

Notas

[1] O *eBay* é um serviço americano virtual de compras e leilão on-line (ver http://www.ebay .com.br).

[2] 9.000 libras correspondem, em 2006, a, aproximadamente US$ 18.000, ou seja, R$ 38.000.

[3] Fonte: http://news.bbc.co.uk/1/hi/england/lincolnshire/5379930.stm

[4] *e-mail* é a sigla em inglês para correio eletrônico.

[5] Uma intranet se caracteriza como a rede interna de computadores de uma organização, por oposição à extranet e internet.

[6] Autores com Alvin Toffler falam também de "Terceira Onda", ou "Sociedade Pós-capitalista" para Peter Drucker.

[7] Para mais informação, consultar o "Manual de Gestão do Conhecimento", de Jean-Yves Prax.

[8] A "*Internet Society*" foi efetivamente fundada em 1992, unindo 17 mil redes em 33 países.

[9] *Instant-messaging* (Mensagens Instantâneas) constitui uma forma contemporânea de comunicação em tempo real entre duas ou mais pessoas, que, em última análise, acabou criando novos cyber-dialetos.

[10] Para mais informações a respeito do chamado "neodarwinismo" genético, consultar *O Livro do Ouro da Evolução*.

[11] A terminologia "Ativo Intangível", por oposição aos clássicos "Ativos Tangíveis" que compõem o balanço dos contábeis de uma organização, deve ser atribuída a Karl Sveiby, na sua proposta de definição do "Capital Intelectual" das organizações.

[12] Uma boa introdução ao estado da arte das pesquisas em neurociências pode ser obtida no "Livro de Ouro da Mente".

[13] Classicamente, fala-se, no jargão argumentativo da Gestão do Conhecimento, que "o conhecimento é o único ativo que se multiplica quando dividido". Essa expressão, que chama atenção por parecer paradoxal, ilustra perfeitamente o fato de que, à diferença de um ativo tangível, como uma barra de ouro quando dividido cada pessoa fica com uma parte, enquanto que o conhecimento quando dividido, ou seja, compartilhado entre pessoas, mais cresce em importância e representatividade multiplicando-se, mais o conhecimento é dividido, ou seja, compartilhado entre pessoas, mais ele cresce em importância e representatividade.

[14] Para mais informações sobre o perfil do Grupo Votorantim, consultar o http://www.votorantim.com.br/

[15] Para mais informação, acessar http://www.imd.ch/about/pressroom/pressreleases/upload/IMD-PressRelease-15September2005.pdf

[16] O *benchmarking* é o processo de medição e comparação de produtos, serviços ou processos com relação aos líderes reconhecidos interna ou externamente, procurando identificar as melhores práticas que levem a um desempenho superior.

[17] Para mais informações sobre a Identidade Votorantim, acessar: http://www.votorantim.com.br/PTB/O_Grupo_Votorantim/Governanca_Corporativa/Governança_Corporativa_Identidade+Votorantim/

[18] Faz-se, aqui, referência ao livro *Comunidades de Prática – Aprendizagem, Sentido e Identidade*, de Etienne Wenger. Uma comunidade de prática define-se como um grupo de pessoas que: a) compartilham um tópico de interesse (Domínio); b) interagem e constroem relações (Comunidade); c) compartilham e desenvolvem conhecimento (Prática).

[19] O próprio Código de Conduta pode ser consultado no site http://www.votorantim .com.br/NR/rdonlyres/3B15F792-5B50-420B-AA34-059E21053F1D/0/codigo_conduta_port.pdf

[20] Uma leitura interessante acerca da essência da liderança, no contexto de negócio do século XXI, seria o livro *The Secret: What Great Leaders Know – And Do* de Blanchard & Miller. [BLA04]

[21] A "Avaliação 360 graus" consiste em um processo em que comportamentos-referência são utilizados para obter contribuições de desenvolvimento (chamados também de *feedbacks*), por meio de uma autoavaliação, um conjunto de avaliações realizadas por pares e liderados e a própria avaliação da liderança do indivíduo.

[22] A "Academia de Excelência Votorantim" foi criada, em 2006, com a missão de "promover o desenvolvimento das pessoas para sustentar a perenidade e a geração de valor da Votorantim Industrial".

[23] GED é a sigla utilizada no jargão da Gestão da Informação para denominar os sistemas de "Gerenciamento Eletrônico de Documentos".

[24] Os chamados "metadados" de uma informação são os dados que contextualizam e caracterizam essa mesma informação, como, por exemplo, a data em que foi publicada, o autor etc.

25 Uma taxonomia consiste em um conjunto de termos formando um vocabulário controlado, utilizado para classificar e referenciar informações de um determinado domínio temático.

[26] O intraempreendorismo se caracteriza pela geração de um ambiente onde todos os colaboradores de uma organização são incentivados a mobilizar sua criatividade para inovar internamente, em termos de práticas, processos, relacionamentos, qualidade de vida etc.

Referências

BLANCHARD, K., MILLER, M. **The secret: what great leaders know – and do**. Berret-Koehler, 2004.

CARTER, R. **O livro de ouro da mente – o funcionamento e os mistérios do cérebro humano**. Rio de Janeiro: Ediouro, 2002.

DARWIN, C. **On the origin of species by means of the natural selection, or the preservation of favored races in the struggle for life**. Londres: John Murray, 1859.

DRUCKER, P. A. Quarta Revolução da Informação. **Revista Exame**, nº 669, ago. 1998, pp. 56-58.

NONAKA, I., TAKEUCHI, H. **The knowledge-creating company.** New York: Oxford University Press, 1995.

PRAX, J. Y. **Le manuel du knowledge management – une approche de 2e génération**. Paris: Dunod, 2003.

SVEIBY, K. E.: **The new organizational wealth**. Rio de Janeiro: Campus, 1998.

TOFFLER, A. **A terceira onda**. Rio de Janeiro: Record, 1982.

WENGER, E. **Communities of practice. Learning, meaning and identity**. Cambridge, UK.: Cambridge University Press, 1998.

ZIMMER, Carl. **O livro de ouro da evolução – o triunfo de uma ideia**. Rio de Janeiro: Ediouro, 2003.

Filipe M. Cassapo – Atualmente responsável pelo processo de Gestão do Conhecimento da Fundação Nacional da Qualidade. Foi Gerente de Gestão do Conhecimento da Votorantim Industrial, responsável corporativamente pelo tema no Grupo. É professor da Pós-graduação "Gestão da Informação para a Gestão do Conhecimento" do Senac-SP, graduado em Engenharia da Computação pela Université de Technologie de Compiègne (UTC, França, 2000). Possui especialização em Ciências Cognitivas e Epistemologia (UTC, França, 2000) e é mestre em Informática Aplicada pela Pontifícia Universidade Católica do Paraná (PUC-PR, 2004). E-mail: filipe.cassapo@fnq.br.

12

O Desenvolvimento Organizacional e o Modelo de Gestão da Nutrimental

Joselito Oliveira

1. Introdução

O objetivo deste capítulo é apresentar as experiências gerenciais e o modelo de gestão da Nutrimental.

O modelo de gestão dessa empresa começou a ser construído em 1997, com o objetivo de atender às necessidades da organização onde a principal proposição de valor está na capacidade de inovar. Nesse contexto, para se obter sucesso, é preciso ter um ambiente propício à inovação, ao aprendizado contínuo e orientado para as pessoas.

Esse modelo é composto pelo *Balanced Scorecard*, que estabelece quais são as competências estratégicas que devem ser desenvolvidas. Além disso, comunica os objetivos estratégicos da organização e permite o gerenciamento de desempenho pela Investigação Apreciativa (*Appreciative Inquiry*), que cria um ambiente de aprendizado e prontidão para as mudanças, a Remuneração por Competências, que recompensa o desenvolvimento das pessoas, e o Gerenciamento por Livro Aberto, que é uma filosofia de gestão, na qual a organização compartilha as informações estratégicas e de desempenho financeiro, prepara os colaboradores para interpretarem essas informações e agirem como se fossem donos do negócio.

A forma como a empresa está estruturada leva em conta um ambiente aberto e que permita que as pessoas possam agir com baixo nível de controle. Para se ter esse tipo de ambiente, definições da missão, valores, princípios organizacionais e direções estratégicas são fundamentais, pois são essas definições que balizam os comportamentos e estabelecem os limites de cada um de seus integrantes.

Destaca-se, também, a importância de que as ferramentas e os processos utilizados pela organização devem estar alinhados com a filosofia da organização, e o modelo de gestão deve ser democrático e com alto nível de participação.

2. Referencial teórico

2.1 *Balanced Scorecard*

O *Balanced Scorecard*, que é uma ferramenta desenvolvida por Kaplan e Norton (2001), surgiu como instrumento de medida do desempenho organizacional sob os enfoques: financeiro, do cliente, dos processos internos, do aprendizado e do conhecimento. Trata-se de um sistema gerencial estratégico, que traduz a missão e a estratégia em objetivos e medidas tangíveis no longo prazo. Identifica a identidade organizacional; comunica e associa os objetivos e as medidas estratégicas; planeja, estabelecendo metas, alinhando iniciativas estratégicas, melhorando o *feedback* e o aprendizado estratégico; cria instrumentos para o conhecimento organizacional; monitora e ajusta a implementação da estratégia e estimula sua mudança.

2.2 Investigação Apreciativa (*Appreciative Inquiry – AI*)

A Investigação Apreciativa é uma filosofia de gestão e é também utilizada nos processos de planejamento estratégico e de mudanças. Trata-se de uma busca cooperativa do melhor nas pessoas, nas organizações e no mundo ao redor. Envolve a descoberta sistemática do que dá "vida" a um sistema quando ele está no seu estado mais eficaz e capaz, em termos humanos, ecológicos e econômicos. O AI envolve a arte e a prática de fazer perguntas que reforcem a capacidade de um sistema de elevar o potencial positivo. Ele mobiliza a "investigação" artesanalmente, na preparação de uma "pergunta positiva incondicional", envolvendo normalmente centenas, ou, algumas vezes, milhares de pessoas. No AI, a intervenção dá lugar à imaginação e à inovação; em lugar da negação, do criticismo e da diagnose em espiral, existe descoberta, sonho e projeto. O AI assume que todo sistema vivo possui ativos ricos, inspiradores e não explorados, do que existe de positivo. Ligue essa "essência de mudança positiva" diretamente a qualquer agenda de mudança e as mudanças que nunca foram consideradas possíveis ficam pronta e democraticamente mobilizadas.

2.2.1 O ciclo dos 4 Ds

No coração da Investigação Apreciativa está a entrevista apreciativa. As entrevistas apreciativas têm a finalidade de descobrir o que dá vida a uma organização, a um departamento ou a uma comunidade, quando estão nos seus melhores momentos. As entrevistas descobrem os pontos altos, pessoais e organizacionais, aquilo que as pessoas mais valorizam e o que elas desejam e esperam para aumentar a vitalidade social, econômica e ambiental da organização.

Uma das características da metodologia da Investigação Apreciativa é um ciclo de atividades, que pode ter uma velocidade variável. Pode ser tão rápido e informal como uma conversa com um amigo ou um colega, ou tão formal como um processo envolvendo toda uma organização na busca do compartilhamento de informações e conhecimentos. A maior parte dos esforços de mudança em organizações tem seguido um fluxo chamado Ciclo dos 4 Ds, representado na Figura 1.

- O primeiro D – *Discovery* – (Descoberta): a tarefa-chave dessa fase é descobrir a capacidade positiva. O processo de entrevistas gera a curiosidade necessária para criar um espírito de investigação. A diferença entre o AI e outros métodos de investigação é que no AI todas as perguntas são positivas. À medida que as pessoas que participam das entrevistas se conectam para estudar as qualidades, os exemplos e analisar a essência positiva, a esperança cresce e o senso de comunidade se expande.
- O segundo D – *Dream* – (Sonho): a fase de sonho usa as histórias e as análises obtidas nas entrevistas para colocar em movimento a curiosidade, e inspirar a mente. As pessoas ouvem juntas sobre os

Figura 1 – Ciclo dos 4 Ds.

momentos em que a organização estava "viva", e o futuro se torna visível por meio dos ideais, interligados com as experiências atuais.

- O terceiro D – *Design* (Projeto): assim que a visão ou o foco estratégico (sonho) é articulado, a atenção passa para a criação de uma organização ideal, um desenho de um sistema em relação com o seu mundo. Outro aspecto que diferencia o AI de outras metodologias é que as imagens do futuro emergem por meio de exemplos baseados na realidade do passado positivo da organização. Histórias de reportagens positivas são usadas para criar proposições que liguem o melhor do que existe com a aspiração coletiva do que pode vir a ser. As pessoas exploram: "Como a organização vai parecer se nós a projetássemos para maximizar a essência positiva e acelerar a realização dos nossos sonhos?"
- Quarto D – *Destiny* (Destino): as pessoas assumem as ações necessárias para realizar o sonho. O AI funciona melhor quando as pessoas assumem a implementação das ideias que deram. O melhor que os que estão facilitando o processo têm a fazer é afastar-se e deixar que a subversão positiva siga o seu caminho, que é virtualmente impossível de ser bloqueado.

2.2.2 Princípios da AI

O *Appreciative Inquiry* está baseado nos seguintes princípios:

- princípio construcionista – nosso futuro depende de como fazemos o questionamento apreciativo. Construímos nossas realidades baseadas na nossa experiência prévia e, portanto, nosso conhecimento e o destino da organização estão interligados;
- princípio da simultaneidade – a mudança começa no momento em que você faz a pergunta. Quando se faz uma pergunta a alguém, a pessoa que a recebe sofre uma alteração de comportamento. A pergunta apreciativa favorece a autoestima de outra pessoa, e as perguntas que fazemos são parte do processo de mudança;
- princípio poético – as organizações são um livro aberto, permitindo várias interpretações diferentes. Assim como uma obra de arte pode ter inúmeras interpretações, as organizações humanas podem ser vistas como livros abertos em que as pessoas são coautoras. Passado, presente e futuro podem ter inúmeras interpretações, e podemos encontrar o que desejamos nas organizações;
- princípio da antecipação – o que vemos para o nosso futuro influencia no presente. As pessoas caminham para onde se questionam (sonhos), assim como as organizações. Os mais importante recurso que se tem para construir a mudança organizacional são a imaginação coletiva e o discurso a respeito do futuro. Um dos teoremas básicos da visão antecipada da vida organizacional é que essa imagem de futuro é que de fato guia o comportamento de cada organismo ou organização;
- princípio positivo – a abordagem positiva tem o poder de agregar, de realimentar. Quanto mais positiva a questão, maior e mais duradoura é a mudança.

2.3 Remuneração por competências

O conceito de remuneração por competências surge na década de 1960 e se difunde pelas organizações. A partir dos anos 1970, com o surgimento do conceito de maturidade para profissionais, outras empresas começam a desenvolver esse novo conceito de remuneração, capaz de alinhar suas estratégias organizacionais às suas políticas de recompensas pelo desempenho de cada profissional.

Contudo, é importante destacar que a remuneração por competências, sozinha, não produz o efeito desejado. Ela deve estar atrelada a uma filosofia de GC baseada na transparência, evidenciando aonde as pessoas podem chegar em conformidade com uma política claramente estabelecida, o que possibilita as pessoas planejarem sua capacitação.

O principal objetivo da remuneração por competências é diferenciar os salários, levando em consideração a diferença de competências das pessoas na agregação de valor para a organização, além de propiciar meios que as cativem a permanecer na organização.

2.4 Gestão por livro aberto

A gestão por livro aberto é uma metodologia utilizada pelas organizações cujo objetivo é desenvolver habilidades de empreendedorismo em todos os seus colaboradores.

Podemos dizer que a gestão por livro aberto é uma filosofia de gestão na qual a empresa se dispõe a compartilhar suas estratégias e seus resultados com todos os colaboradores. Além desse compartilhamento, esforços para desenvolver competências financeiras, visão sistêmica e técnicas de inovação são dispendidos de forma que os colaboradores estejam preparados para entender os impactos de seus trabalhos nos resultados da organização. Sistemas de recompensas alinhados com essa metodologia são utilizados para reforçar os comportamentos desejados.

2.4.1 Princípios da gestão por livro aberto

- direcionamento estratégico – todos devem conhecer as estratégias da organização e como cada colaborador poderá contribuir para o atingimento dessas estratégias;
- desempenho econômico e financeiro – compartilhar o desempenho econômico e financeiro da organização é a essência da gestão por livro aberto. O colaborador deve ter acesso às projeções financeiras e acompanhar os resultados obtidos;

- habilidades financeiras, de empreendedorismo e visão sistêmica: entender do negócio da organização é fundamental na filosofia da gestão por livro aberto. Saber interpretar os números financeiros, olhar os negócios com a visão do dono e entender de forma sistêmica a empresa faz parte do modelo em questão.

3. Caso: O desenvolvimento organizacional e o modelo de gestão da Nutrimental

A Nutrimental é uma empresa nacional, com fábrica em São José dos Pinhais (PR) e Arceburgo (MG). Desde 1968, ano de sua fundação, mantém-se fiel ao compromisso de investir na pesquisa e no desenvolvimento de tecnologias para o setor alimentício. Isso significa dominar os mais avançados processos de industrialização de alimentos, bem como desenvolver produtos que atendam aos mais altos padrões de qualidade nacional e internacional, elevando o nível alimentar de um número cada vez maior de pessoas.

Seu atual modelo de gestão nasceu da necessidade de reconceitualização e está representado na Figura 2.

Balanced Scorecard

Conhecimentos Estratégicos

Gerenciamento por Livro Aberto | Remuneração por Competência

Compartilhamento das Informações | Gerenciamento das Competências e Retenção de Pessoas

Investigação Apreciativa

Ambiente de Diálogo e Aprendizagem | Prontidão para Mudanças | Visão de Futuro

Fonte: Documentos da organização.

Figura 2 – Modelo de gestão da Nutrimental.

A Nutrimental iniciou a implantação do modelo apresentado na Figura 1 em 1997, com a adoção da Investigação Apreciativa.

3.1 Investigação Apreciativa (*Appreciative Inquiry* – AI)

A Nutrimental foi a primeira empresa brasileira a adotar a Investigação Apreciativa. Implantada em 1997, tem o objetivo de construir o futuro da empresa de forma participativa. É um método de desenvolvimento organizacional que valoriza os colaboradores, promove o diálogo e o planejamento estratégico para o futuro.

A Investigação Apreciativa atua em todos os setores da organização, e é desenvolvida e acompanhada por um grupo formado por colaboradores de todos os níveis operacionais da Nutrimental. O grande diferencial do método é que ele não se concentra na discussão dos problemas da organização, mas sim no reconhecimento e na maximização de suas fortalezas, promovendo o desenvolvimento da empresa no presente e criando soluções para seu futuro.

A Nutrimental está aplicando a metodologia de Investigação Apreciativa em alguns processos internos, com maior ênfase no Planejamento Estratégico. De 1997 até 2001, realizaram-se eventos anuais para os quais foram convidados todos os colaboradores e representantes dos clientes, fornecedores e outros parceiros, para definir as linhas principais de seus planos. A partir de 2003, a empresa passou a realizar eventos bianuais envolvendo todas essas pessoas.

3.2 *Balanced Scorecard*

Em 2001, foi implementado o *Balanced Scorecard*, no qual os objetivos estratégicos da organização foram mapeados, estruturados nas quatro dimensões do Modelo de Kaplan e Norton (Financeira, Clientes, Processos e Aprendizado). Localizado no topo do modelo, o BSC auxilia a companhia na gestão e no compartilhamento dos objetivos estratégicos, das metas e a da estruturação de projetos que levariam a empresa a atingir as visões criadas por ocasiões dos encontros de planejamento, realizados com toda a organização.

O *Balanced Scorecard* é a ferramenta que a organização utiliza para compartilhar os objetivos estratégicos e fazer a gestão de desempenho da companhia.

3.3 Definição dos conhecimentos estratégicos

As políticas de Gestão da Nutrimental estão calcadas na filosofia, nos valores e nos princípios definidos.

a) A filosofia da Nutrimental se baseia no propósito de oferecer ao mercado alimentos saudáveis, por meio de uma contínua valorização do fator humano. Graças a essa conduta, a empresa chegou em 2004 com espaço consolidado nos mercados em que atua, ancorada na confiança de seus colaboradores, clientes e fornecedores.

b) Os valores que regem as ações da organização são:

   ✓ horizontalidade – significa abertura de ideias, liberdade com responsabilidade, de acordo com as habilidades de cada um. Para tanto, parte do princípio de que todas as pessoas da organização são partes relevantes do processo de decisão. Mexe, portanto, com estruturas e exige reeducação, visão de equipe e delegação;

   ✓ aprendizado contínuo – possibilita a realização, o desenvolvimento humano e a capacitação contínua para a mudança;

   ✓ inovação – atendendo às necessidades de evolução, exige criatividade, que aflora naturalmente quando há um clima de confiança, liberdade para manifestações individuais e grupais;

   ✓ integridade: provendo coerência e ética, gera condições para que os demais valores possam desenvolver-se.

c) Os princípios da ação organizacional são:

   ✓ somos uma organização onde há espaço e abertura para a descoberta do conhecimento e desenvolvimento de habilidades notáveis. Queremos aprender e ensinar e assumimos responsabilidade por nosso crescimento pessoal e organizacional;

   ✓ promovemos a criatividade e a iniciativa e aceitamos assumir riscos provenientes de atitudes inovadoras;

- ✓ trabalhamos em equipe e nos comprometemos com os resultados previamente acordados;
- ✓ ouvimos atentamente as pessoas e as valorizamos, respeitando a sua individualidade e a sua liberdade de expressão. Atuamos responsavelmente, reconhecemos os esforços e comemoramos os sucessos. Mantemos um ambiente informal e prazeroso;
- ✓ fazemos com que a tomada de decisões ocorra no nível mais próximo do local onde as tarefas são realizadas, e as pessoas desenvolvem habilidades apropriadas para terem autoridade para agir;
- ✓ fazemos com que os processos de mudança aconteçam de forma participativa, ouvindo as pessoas envolvidas;
- ✓ resolvemos os conflitos com diálogo, transparência, "apreciatividade" e respeito;
- ✓ tratamos as informações com responsabilidade no que se refere ao acesso, ao uso, divulgação e à proteção, disponibilizando-as de forma clara e compreensível e em tempo hábil;
- ✓ promovemos a satisfação e o bem comum por meio do bom relacionamento entre colaboradores e com clientes, parceiros e a comunidade;
- ✓ todas as nossas ações levam em conta a preservação do meio ambiente, a saúde e o bem-estar das pessoas e das gerações futuras;
- ✓ praticamos liderança positiva e, assim, construímos uma organização forte. Obtemos o melhor de cada ser humano, desenvolvemos a capacidade de gerar resultados em equipe e atuamos com propósito e direção orientados pela missão, valores e pelos princípios de ação.

O conhecimento, a divulgação e o exercício dos valores e princípios são compromissos das pessoas da organização.

3.4 A gestão por livro aberto

Foi implementada simultaneamente ao *Balanced Scorecard*. Nos dois primeiros anos após a implementação, mais de 100 colaboradores foram capacitadas em finanças, 50 pessoas em pensamento sistêmico e um sistema de divulgação do desempenho financeiro foi implementado para compartilhar as informações com todos os níveis da organização.

A gestão por livro aberto considera a importância do compartilhamento das informações e o desenvolvimento das habilidades financeiras e de empreendedor nos colaboradores da organização, capacitando seus integrantes na gestão do negócio como um todo com a visão do acionista.

3.5 Remuneração por competências

Durante os anos 2001 e 2002, uma equipe multifuncional desenvolveu o sistema de remuneração por competências, no qual as pessoas que ocupavam os cargos tiveram participação na elaboração dos requisitos de acesso e competências necessárias para aquela atividade tendo como base o modelo desenvolvido pela Universidade de São Paulo (USP). O modelo foi implementado a partir de 2004, e hoje mais de 300 colaboradores são remunerados pelo mesmo.

A remuneração por competências objetiva o gerenciamento das competências dos integrantes da organização, o desenvolvimento e a retenção das pessoas que a integram.

Cada cargo tem um conjunto de pré-requisitos e uma lista de competências. As competências são descritas com níveis de complexidades e, para cada cargo, são definidos os níveis mínimos e máximos de proficiência para a competência específica.

O modelo tem um número reduzido de cargos, com o objetivo de facilitar a multifuncionalidade e a flexibilidade do sistema.

As principais vantagens em adotar esse modelo baseado em gestão por competência são:

- serve de subsídio para o recrutamento e a seleção;
- plano de treinamento e desenvolvimento das pessoas;
- auxilia na construção da carreira;
- facilita o processo sucessório;
- permite um melhor dimensionamento de quadro;

- valoriza o aprendizado contínuo;
- valoriza o desenvolvimento das pessoas;
- diferencia pessoas que estão no mesmo cargo, mas que entregam resultados diferentes;
- valoriza o patrimônio da organização à medida que direciona as competências estratégicas.

4. Conclusão

Como podemos observar, embora existam alguns modelos clássicos de Gestão de Conhecimento, cada empresa pode ter seu conjunto de práticas, processos e ferramentas diferentes que atendem às suas necessidades de gestão. O importante é que essas ferramentas e esses processos estejam alinhados com as escolhas estratégicas e com o grau de maturidade da empresa.

Deve também haver um equilíbrio entre os processos, as ferramentas e as tecnologias utilizadas para suportar o modelo. No caso da Nutrimental, embora não tenha sido demonstrado no presente texto, existem ferramentas de data-base, gestão eletrônica de documentos e outros sistemas de informática que sustentam o modelo de gestão da organização.

Referências

KAPLAN, R. S. e NORTON, D. P. **Mapas estratégicos – convertendo ativos intangíveis em resultados tangíveis**. Rio de Janeiro: Campus, 2004.

KAPLAN, R. S.; NORTON, D. P. **Organização orientada para estratégia: como as empresas que adotam o Balanced Scorecard prosperam no novo ambiente de negócios**. Rio de Janeiro: Campus, 2000.

COOPERRIDER, D. L. *et al*. **Appreciative inquiry – rethinking human organization toward a positive theory of change**. Editora Stipes Publishing L. L. C., Champaign: Illions, 2000.

SCHUSTER J. P., CARPENTER J., KANE, P. **The Power of Open-Book Management – Releasing The True Potential of People's Minds, Hearts & Hands**. John Wiley & Sons. Inc., 1998.

Joselito Oliveira – Pós-graduado em Processamento de Dados – SPEI-PR e em "Appreciative Inquiry Certification" pela Weatherhead School of Management, Cleveland, Hohio, Estados Unidos e graduado em Ciências Contábeis pela Faculdade Católica de Administração e Economia (FAE-PR). Mais de 20 anos na área de Tecnologia de Informação nas funções de programador de computadores e gerente de TI e 13 anos de experiência na área de Controladoria Financeira; nos últimos três anos como executivo financeiro. Experiência na implantação de *Balanced Scorecard*, *Active Base Costing* e *Software* de Gestão – ERP. Atualmente, é *controller* e o principal executivo de TI da Nutrimental S/A. E-mail: joselito@nutrimental.com.br

13

Gestão do Conhecimento no Centro de Tecnologia Canavieira (CTC)

Rivadávia C. Drummond de Alvarenga Neto
Rogério Salles Loureiro

1. Introdução

A emergência de um paradigma tecnoeconômico baseado em inovação, informação e conhecimento, bem como a crescente consolidação de tecnologias como a microeletrônica, a tecnologia de informação e as redes de computadores trazem à tona questões complexas e multifacetadas para as organizações contemporâneas. Uma breve análise do cenário atual permite algumas constatações de vulto, a saber: a) a percepção de que a informação e o conhecimento consolidam-se como os principais fatores de diferenciação para a competitividade organizacional e o surgimento de um sem-fim de novas abordagens e/ou ferramentas gerenciais atinentes às questões da informação e do conhecimento nas organizações, sob a égide da área denominada "Gestão do Conhecimento Organizacional": gestão integrada de recursos informacionais e gestão estratégica da informação, gestão do capital intelectual, aprendizagem organizacional e *e-Learning*, inteligência competitiva e monitoração ambiental, sistemas de informação gerenciais e *balanced scorecard*, memória organizacional e gestão de conteúdo, dentre outras; b) a existência de uma certa indefinição conceitual e toda a controvérsia acerca da discussão sobre a epistemologia da área que vem sendo denominada de "Gestão do Conhecimento" ou *Knowledge Management*. Trata-se de uma deriva semântica "*pop-management*" ou de uma mudança conceitual? Um caso de "velhos vinhos em novas garrafas" ou um repensar das estratégias e das práticas de gestão para as organizações da era do conhecimento? Tais questionamentos motivaram a realização de investigações a respeito de como as organizações brasileiras entendem, definem, implementam, praticam e avaliam a Gestão do Conhecimento, quais foram os motivos que as levaram a essa iniciativa e o que elas esperavam alcançar com isso. Como forma de estudar as visões e as iniciativas concretas das empresas brasileiras no campo da gestão do conhecimento, apresenta-se a experiência de uma organização genuinamente brasileira: o Centro de Tecnologia Canavieira (CTC).

2. Base teórica para da proposta de Gestão do Conhecimento no CTC

A Gestão do Conhecimento (GC) no CTC pode ser compreendida a partir de proposta elaborada por Alvarenga Neto (2005) e Alvarenga Neto e Loureiro (2006). Trata-se de um mapa conceitual da GC concebido pela convergência de três pilares, a saber: (2.1) o modelo proposto por Choo (1998); (2.2) a ideia do contexto capacitante como sugerida por Von Krogh, Ichijo e Nonaka (2001); (2.3) a metáfora do "guarda-chuva conceitual da GC" (Alvarenga Neto, 2005).

2.1 O modelo proposto por Choo (1998)

De acordo com Choo (1998), "organizações do conhecimento" são aquelas que fazem uso estratégico da informação para atuação em três arenas distintas e imbricadas, a saber:

- *sensemaking* ou a construção de sentido – o objetivo de longo prazo do *sensemaking* é a garantia de que as organizações se adaptem e continuem a prosperar em um ambiente complexo e dinâmico por meio da prospecção do ambiente organizacional em busca de informações relevantes que as permitam compreender mudanças, tendências e cenários acerca de clientes, fornecedores, concorrentes e demais atores ambientais. A inteligência competitiva e do concorrente, a monitoração ambiental e a prospecção tecnológica, a pesquisa de mercado e atividades correlatas são iniciativas empresariais que têm como um de seus objetivos a construção de sentido a respeito de questões para as quais não existem respostas claras;

- criação de conhecimento, por intermédio da aprendizagem organizacional: a criação do conhecimento é o processo pelo qual as organizações criam ou adquirem, organizam e processam a informação, com o propósito de gerar novo conhecimento por meio da aprendizagem organizacional. O novo conhecimento gerado, por sua vez, permite que a organização desenvolva novas habilidades e capacidades, crie novos produtos e serviços, aperfeiçoe os antigos e melhore seus processos organizacionais;
- tomada de decisão, com base no princípio da racionalidade limitada: o processo decisório nas organizações, conforme a visão de March e Simon (1975), é constrangido pelo princípio da racionalidade limitada. Várias decorrências podem ser enumeradas da teoria das decisões, a saber: a) o processo decisório é dirigido pela busca de alternativas que sejam boas o bastante, em detrimento da busca pela melhor alternativa existente; b) a escolha de uma alternativa implica a renúncia das demais e a criação de uma sequência de novas alternativas ao longo do tempo – entende-se a relatividade como um custo de oportunidade, que aponta também para a avaliação das alternativas preteridas; c) uma decisão completamente racional iria requerer informações além da capacidade de coleta da empresa e também um processamento de informações além da capacidade de execução de seres humanos.

2.2 O "Contexto Capacitante" e a capacitação para o conhecimento

A criação do conhecimento organizacional é a ampliação do conhecimento criado pelos indivíduos, se satisfeitas as condições contextuais que devem ser propiciadas pela organização. Isso é o que Von Krogh, Ichijo e Nonaka (2001) denominam "contexto capacitante", "Ba", "condições facilitadoras" ou "espaço organizacional para o conhecimento". Em outras palavras, trata-se do conjunto de condições favoráveis que devem ser propiciadas pela organização para possibilitar ou capacitar o surgimento de ideias, inovações, compartilhamento, solução colaborativa de problemas e tolerância a erros honestos, dentre outros. Sob essa ótica, a compreensão da palavra gestão, quando da sua associação com a palavra conhecimento, não deve ser entendida como sinônimo de controle. Gestão, no contexto capacitante, significa promoção de atividades criadoras de conhecimento em nível organizacional e a GC assume uma nova perspectiva hermenêutica – de Gestão do Conhecimento para o significado de "Gestão para o Conhecimento". Na verdade, não se gerencia o conhecimento, visto que o conhecimento só existe na mente humana e no "espaço imaginário de mentes criativas em sinergia de propósitos". O que é passível de gerenciamento é apenas e unicamente o contexto capacitante. Nonaka e Takeuchi (1997) e Von Krogh, Ichijo e Nonaka (2001) enumeram os vários elementos constituintes do "contexto capacitante", a saber: intenção ou visão do conhecimento organizacional, cultura e comportamento organizacionais, caos criativo, redundância, variedade de requisitos, mobilização dos ativistas do conhecimento, autonomia e delegação de poderes, além de questionamentos acerca da estrutura organizacional, *layout* e hierarquia, dentre outros.

2.3 A "metáfora do guarda-chuva conceitual da GC"

Finalmente, a metáfora do "guarda-chuva conceitual da GC", Figura 1, proposta por Alvarenga Neto (2005), pressupõe que debaixo dele são abarcados vários temas, ideias, abordagens e ferramentas gerenciais, atinentes às questões da informação e do conhecimento nas organizações. Ressalta-se que tais temas são concomitantemente distintos e imbricados. Embora grande parte do que se convenciona chamar GC seja, na verdade, apenas gestão da informação, é importante que se observe que a gestão da informação é apenas um dos elementos da GC. A GC vai além da gestão da informação, visto que ela incorpora, também, outros aspectos e outras preocupações, como a criação, o uso e o compartilhamento de conhecimentos, sem mencionar a criação do já denominado contexto capacitante.

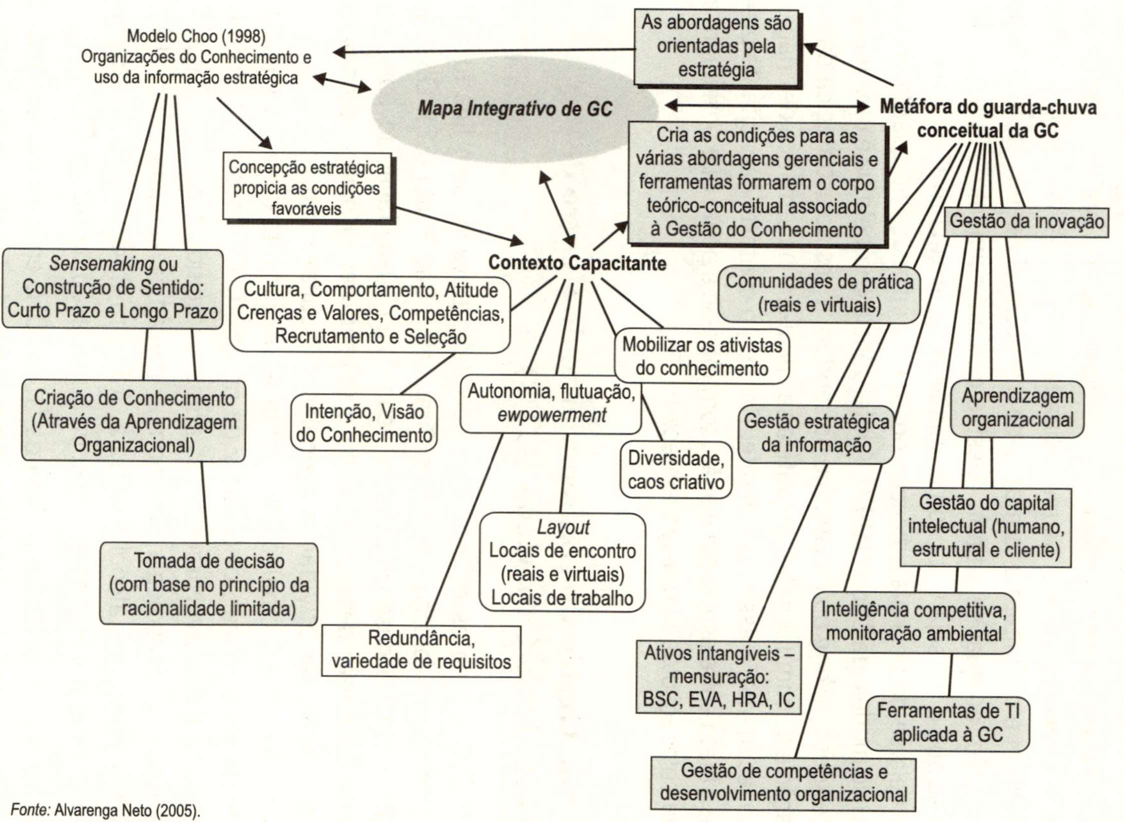

Fonte: Alvarenga Neto (2005).

Figura 1 – Proposta de Mapeamento Conceitual Integrativa da GC

Dentre os vários elementos abarcados pelo "guarda-chuva conceitual da GC", podem ser destacados a gestão estratégica da informação, a gestão do capital intelectual, a aprendizagem organizacional, a gestão da inovação, a inteligência competitiva e as comunidades de prática. São justamente a inter-relação e a permeabilidade entre esses vários temas que possibilitam e delimitam a formação de um possível referencial teórico de sustentação, ao qual se intitula "Gestão do Conhecimento". Ou seja, defende-se que a GC seja vista como uma área "guarda-chuva". O *feedback* do modelo se dá pela classificação dos temas inseridos no guarda-chuva dentro do modelo de Choo (1998). A inteligência competitiva é uma iniciativa de *sensemaking* ou construção de sentido, a gestão estratégica da informação e as comunidades de prática se encaixam na temática de criação de conhecimento, e assim por diante. Por fim, o contexto capacitante preenche o hiato entre estratégia e ação, tornando-se a ponte que possibilita a efetiva colocação da estratégia em ação.

3. Caso: Gestão do conhecimento do Centro de Tecnologia Canavieira (CTC)

O CTC é uma associação civil de direito privado, sem fins lucrativos, com sede e foro na cidade de Piracicaba, São Paulo (SP). Objetiva contribuir para o desenvolvimento econômico sustentável do país, por meio de pesquisa, desenvolvimento e difusão de: a) novas tecnologias para aplicação nas atividades agrícolas, logísticas e industriais dos setores canavieiro e sucroalcooleiro; b) desenvolvimento de novas variedades de cana-de-açúcar; c) controle de pragas. O CTC possui programas de pesquisa e desenvolvimento nas áreas de melhoramento genético, fitossanidade, biotecnologia, agronomia, mecânica agrícola e industrial, produção de açúcar, álcool e energia. A Figura 2 representa a estrutura organizacional e a Figura 3, o escopo de atuação da GC no CTC.

O escopo de atuação da área da GC no CTC envolve não somente a gestão da própria área, como também as áreas de Tecnologia da Informação (TI) e Comunicação e Relações Institucionais. A equipe da área é formada por bibliotecárias, analistas de sistemas, analistas de suporte e jornalistas, permitindo uma abordagem multidisciplinar do processo de

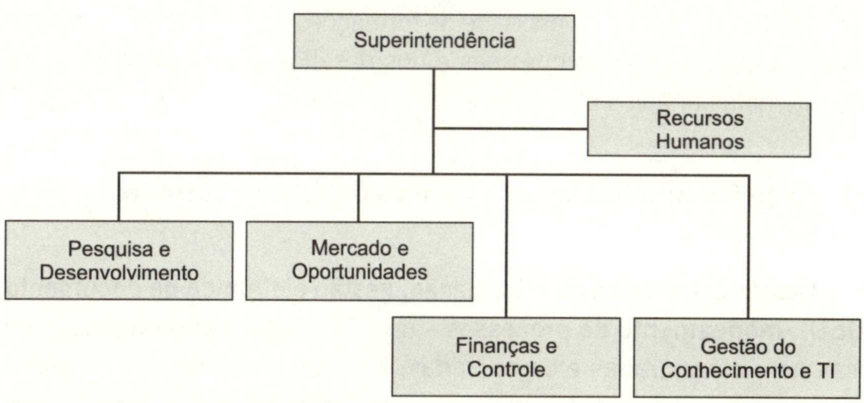

Fonte: Centro de Tecnologia Canavieira (2006).

Figura 2 – Estrutura Organizacional do CTC.

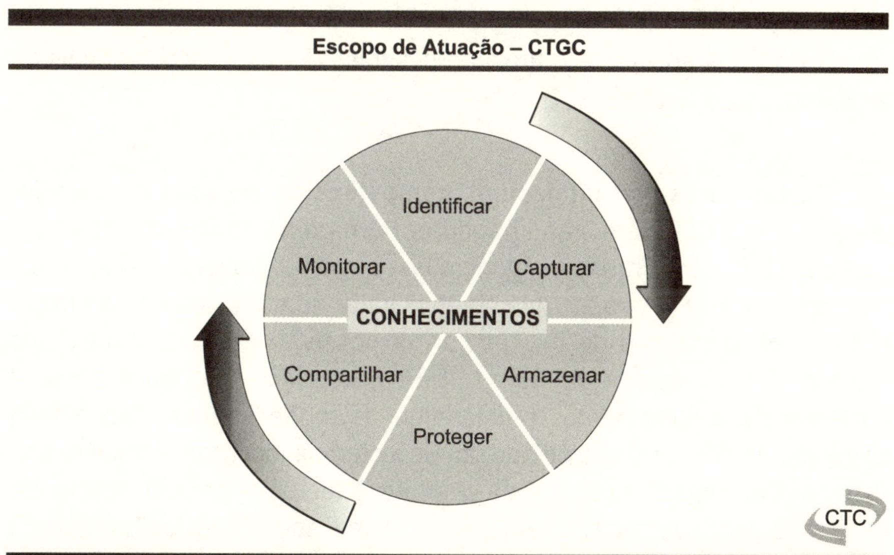

Fonte: Centro de Tecnologia Canavieira (2006).

Figura 3 – Escopo de atuação da GC no CTC.

GC. A premissa aqui presente é o fortalecimento dos elementos do contexto capacitante, como a diversidade de formações e informações que possibilitam a iluminação das questões e dos desafios que se impõem à área sob diferentes ângulos e perspectivas.

3.1 As práticas associadas à Gestão do Conhecimento no CTC

Gestão estratégica da informação, gestão eletrônica de documentos (GED), mapeamento de processos – no CTC existem abordagens e práticas bem estruturadas e organizadas, a saber: a) iniciativas de gestão eletrônica de documentos (GED), *workflow*, redesenho de processos organizacionais, intranet, tecnologia de informação, monitoração de usabilidade de sistemas de informação, gestão de projetos (a empresa encontra-se em fase de definições de taxonomia com o intuito de melhorar a recuperação de informações), gestão de biblioteca (centro de documentação), biblioteca digital e digitalização; b) organização de arquivos físicos e eletrônicos – captura de acervo documental relevante e mapeamento do acervo público; c) segurança de informações.

A Figura 4 apresenta o fluxo de pesquisa de informações depois da implantação do sistema GED.

Gestão do capital intelectual, competências, pessoas e ativos intangíveis – O CTC vem trabalhando em um conjunto de abordagens e práticas bem estruturadas e organizadas: a) gestão do capital intelectual ("Projeto *Backup*" – projeto que objetiva garantir a transição das pessoas e dos conhecimentos da melhor forma possível) e ativos intangíveis (patentes, *royalties* e registros no CREA[1]); proteção de conhecimento e contratos de licenciamento, transferência de conhecimento e tecnologia; b) gestão de competências e criação de sistemas localizadores de expertise, "*Yellow Pages*" ou banco de capital intelectual – projeto incipiente; c) "Banco de Ideias". O "Projeto *Backup*" e o Banco de Ideias" (Figura 5) configuram-se não somente como estratégias direcionadas para o capital intelectual, mas também para a aprendizagem organizacional. Eis os seus escopos:

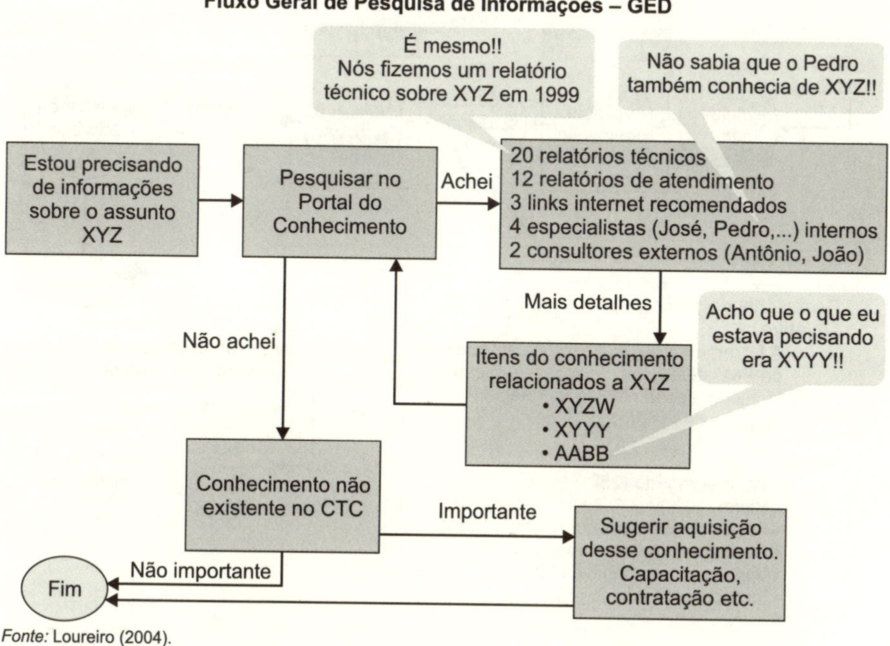
Fluxo Geral de Pesquisa de Informações – GED
É mesmo!!
Nós fizemos um relatório técnico sobre XYZ em 1999
Não sabia que o Pedro também conhecia de XYZ!!
Estou precisando de informações sobre o assunto XYZ
Pesquisar no Portal do Conhecimento
Achei
20 relatórios técnicos
12 relatórios de atendimento
3 links internet recomendados
4 especialistas (José, Pedro,...) internos
2 consultores externos (Antônio, João)
Mais detalhes
Acho que o que eu estava pecisando era XYYY!!
Não achei
Itens do conhecimento relacionados a XYZ
• XYZW
• XYYY
• AABB
Conhecimento não existente no CTC
Importante
Sugerir aquisição desse conhecimento. Capacitação, contratação etc.
Não importante
Fim

Fonte: Loureiro (2004).

Figura 4 – Gestão estratégica da informação no CTC – Fluxo de pesquisa de informações depois do sistema GED.

- *Projeto Backup:* identificar, organizar, armazenar e disponibilizar o conhecimento dos profissionais com aposentadoria próxima, visando reter na empresa parte do conhecimento desses profissionais; planejamento de aposentadorias junto com o RH; indicação e capacitação de sucessores no conhecimento; foco no conhecimento existente e não-compartilhado; *workshops*;
- *Banco de ideias:* objetiva a continuidade de criação de novos projetos relevantes de P&D; avaliação de ideias – com base em critérios técnicos, econômicos e estratégicos – que contribuam e fortaleçam as competências essenciais do CTC e seu portfólio de conhecimentos. Dentre seus pontos principais, destacam-se a redução da avaliação subjetiva, o envolvimento do autor em todo o processo e a criação de um comitê de avaliação de ideias.

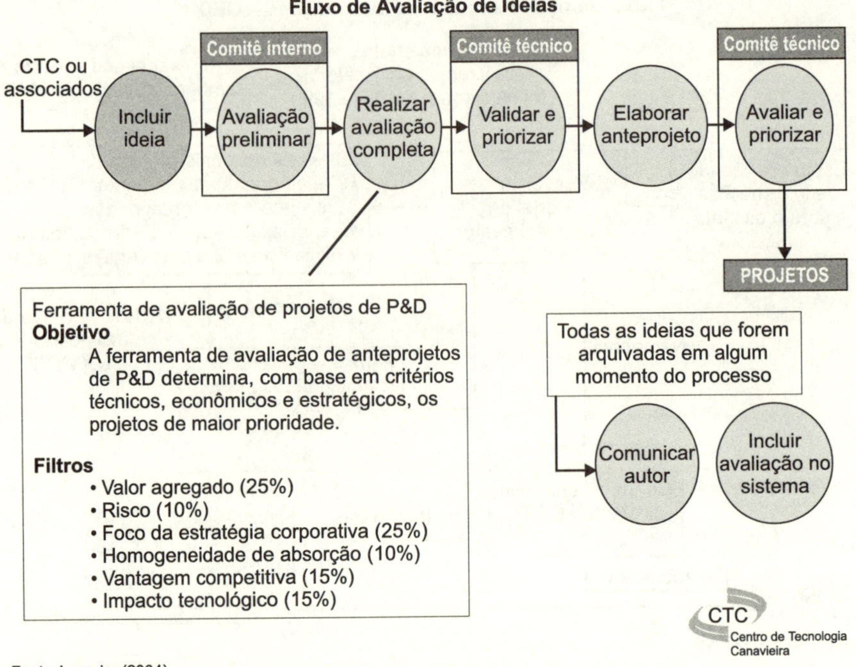

Fonte: Loureiro (2004).

Figura 5 – Gestão do capital intelectual no CTC – Fluxo de avaliação de ideias.

Monitoração ambiental, inteligência competitiva, pesquisa de mercado – coexistem práticas informais e desestruturadas e práticas formais e estruturadas, com maior ênfase nas primeiras; a) *clippings* produzidos externamente (que incluem pesquisas de mercado – principais são o Brasil@agro, Agrocana, Jornal da Cana, dentre outros); b) utilização de fotos de satélite e geoprocessamento com o objetivo de estabelecer padrões de comportamento espectral que permitam a identificação e quantificação de áreas cultivadas com variedades registradas usando imagens de satélites (Figura 6); c) outros: buscas auxiliadas pela bibliotecária, assinaturas de jornais e periódicos, viagens internacionais, participações em seminários, contatos com pessoas, internet.

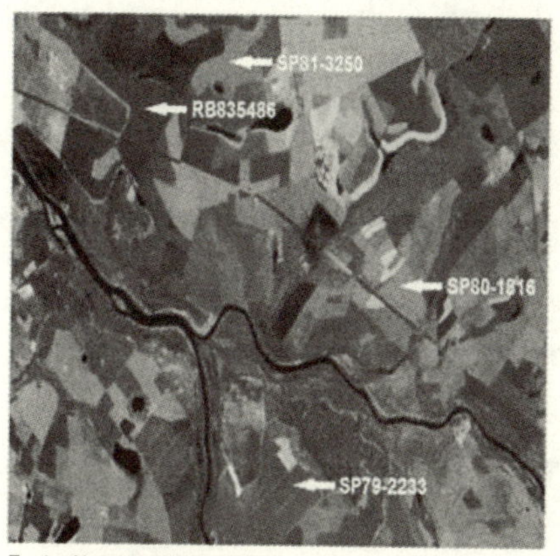

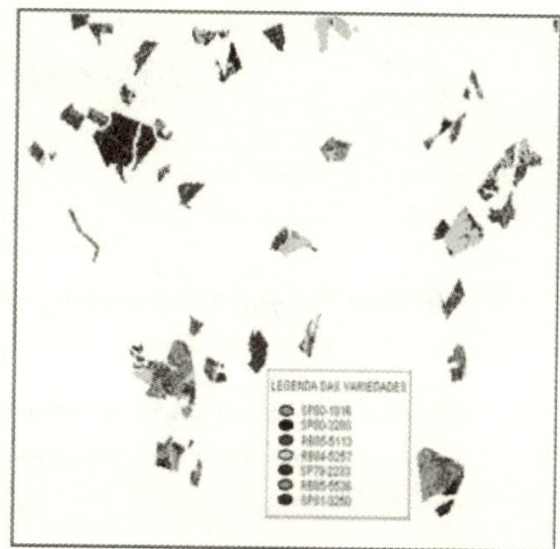

Fonte: Alvarenga Neto (2005).

Figura 6 – Utilização de imagens de satélite e geoprocessamento – Landsat.

Criação do contexto capacitante – o CTC concentra seus esforços na criação do contexto capacitante. Infere-se que, após a resolução de toda a problemática no entorno da gestão estratégica da informação, a organização passe a privilegiar a criação das condições organizacionais favoráveis à troca e ao compartilhamento de informações e conhecimentos e endereça questões claras de cultura organizacional e comportamento humano, além de aspectos atinentes à gestão de mudanças. Eis a relação dos elementos considerados pelo CTC em relação ao denominado contexto capacitante: a) *layout* formado por células e núcleos de especialidade; b) o "Momento Cultural" – projeto de transmissão de conhecimentos tácitos, local adequado para trocas, aprendizagem e compartilhamentos de conhecimentos relevantes estruturados ao redor dos fatores críticos de sucesso do CTC; c) a criação de um "Banco de Ideias" (que é também *per se* uma abordagem imbricada à aprendizagem organizacional e ao capital intelectual); d) a conformação de equipes flexíveis e multitarefas. Ressalta-se a existência de várias iniciativas genuinamente brasileiras adotadas pelo CTC nesse sentido, como o "Momento Cultural". Além dos objetivos apresentados na Figura 7, o "Momento Cultural" constitui-se, também, como espaço de trocas, compartilhamento e aprendizagem.

Momento Cultural

Tema: Biossegurança

Data: 21/3/2005

Local: Bloco 6 – 2º andar

Horário: das 8 às 9 horas

Objetivo: Compartilhar informações e conhecimentos tácitos sobre temas relevantes para o CTC e para a agroindústria canavieira.

Sua participação é imprescindível para tornar esse evento um sucesso.
Confirmar até dia 17/3/2005, com Sônia, ramal 8237, ou pelo e-mail sonia@ctc.com.br.

Venha compartilhar conosco!

Gestão do Conhecimento

Fonte: Alvarenga Neto (2005).

Figura 8 – Convite para o "Momento Cultural".

4. Conclusões

Os principais obstáculos à GC no CTC são esencialmente relativas à cultura organizacional, ao comportamento humano em organizações e à atitude dos colaboradores em relação à capacitação para o conhecimento. Dentre os muitos obstáculos, ressaltam-se a ideia estreita de trabalho produtivo e o senso comum embutido na máxima "conhecimento é poder". Para o CTC, "compartilhar é poder" e é também condição *sine que non* para a mudança de uma cultura individualista para uma cultura de colaboração. Em seu atual estágio com a GC, o CTC procura avançar para aspectos relativos ao compartilhamento, à cultura organizacional e à criação do contexto organizacional favorável ou contexto capacitante, além de questões inerentes ao capital intelectual, à gestão de competências e aos acompanhamentos de aposentadorias, para que não se perca de vista o conhecimento gerado. Os resultados alcançados foram apontados em termos qualiquantitativos: a) percepções, via pesquisas informais e conversas, na melhora do compartilhamento, no acesso ao conhecimento, na velocidade de acesso e na facilidade de recuperação da informação; b) recuperação da memória organizacional via documentos preservados e digitalizados (mais de 20 mil documentos) e número de *logs* de acesso ao sistema e documentos; c) acesso rápido em repositório único, documentação e disponibilização. Os gestores do CTC pretendem levar benefícios da GC para os associados e revelaram interesse pela metodologia *Balanced Scorecard* (BSC) ou marcador balanceado. Os principais desafios impostos ao CTC concentram-se na gestão de mudanças culturais e comportamentais e na criação de um contexto organizacional favorável à criação, ao uso e compartilhamento de informações e conhecimentos.

As conclusões sugerem que não se gerencia conhecimento, ele é apenas promovido ou estimulado por meio da criação de contextos organizacionais favoráveis. O termo Gestão do Conhecimento tem significado similar ao termo gestão para as organizações da era industrial ou, em outras palavras, a GC revela-se como um repensar da gestão para as organizações da era do conhecimento. Tal ênfase deriva-se do entendimento de que a informação e o conhecimento constituem-se como os principais fatores de competitividade dos tempos atuais para organizações e nações. Ressalta-se, também, que a GC é altamente política, requer gestores do conhecimento e é um processo que não tem fim. Concluiu-se, ainda, que grande parte do que se intitula ou se convenciona chamar de GC é, na verdade, gestão da informação; contudo, a gestão da informação é apenas um dos elementos da GC e ponto de partida para a ela. Dentre os principais desafios impostos às organizações comprometidas com a GC, destacam-se as questões relativas à cultura organizacional, ao comportamento humano e à criação do contexto capacitante, além da premência da criação de um conjunto de indicadores para se medirem os retornos e os benefícios de GC.

Nota

[1] CREA – Conselho Regional de Engenharia, Arquitetura e Agronomia.

Referências

ALVARENGA N. R. C. D. **Gestão do conhecimento em organizações: proposta de mapeamento conceitual integrativo.** 2005. 400 f. Tese (Doutorado em Ciência da Informação) – PPGCI, Escola de Ciência da Informação da UFMG, Belo Horizonte.

ALVARENGA N., Rivadávia C. D., LOUREIRO, R. S. Gestão do conhecimento em centro de pesquisas brasileiro: o caso do Centro de Tecnologia Canavieira (CTC). **I Congresso Iberoamericano de Gestão do Conhecimento e Inteligência Competitiva – KM BRASIL 2006**. Encontro da Sociedade Brasileira de Gestão do Conhecimento, Curitiba, Anais do GECIC 2006 e KM Brasil 2006.

CHOO, C. W. **The Knowing Organization: How Organizations Use Information for Construct Meaning, Create Knowledge and Make Decisions**. New York: Oxford Press, 1998.

CENTRO DE TECNOLOGIA CANAVIEIRA – CTC. A empresa. Disponível em www.ctc.com.br. Acesso em nov. 2006.

LOUREIRO, R. S. Implantação de Gestão do Conhecimento em um Centro de Pesquisas. **Tutorial de abertura do KM Brasil 2004**. São Paulo, novembro de 2004, Anais.

MARCH, J. G., SIMON, H. A. **Limites cognitivos da racionalidade.** In: **Teoria das organizações**. Rio de Janeiro: Fundação Getúlio Vargas, 1975.

NONAKA, I. & TAKEUCHI, H. **Criação de conhecimento na empresa: como as empresas japonesas geram a dinâmica da inovação**. Rio de Janeiro: Campus, 1997.

VON KROGH, G., ICHIJO, K., NONAKA, I. In: **Facilitando a criação de conhecimento**. Rio de Janeiro: Campus, 2001.

Rivadávia C. Drummond de Alvarenga Neto – Doutor em Ciência da Informação (UFMG). Diretor de Gestão do Conhecimento do Centro Universitário UNA (BH, MG) e Centro Universitário Montserrat (Santos, SP); pró-reitor de Pós-graduação, Pesquisa e Extensão do Centro Universitário UNA (Belo Horizonte, MG) e Centro Universitário Montserrat (Santos, SP). Diretor do Instituto Tecnológico da Unimonte, Santos, SP. Professor titular do programa de Mestrado Profissionalizante em Administração da FEAD Minas. Professor dos cursos de Graduação e Pós-graduação em instituições como Fundação Dom Cabral, Centro Universitário UNA, Ibmec, Fundação Getúlio Vargas, Centro Universitário Newton Paiva, Universidade Federal de Minas Gerais, Fundação João Pinheiro, entre outras. Diretor-presidente do Pólo MG da Sociedade Brasileira de Gestão do Conhecimento e vice-presidente do Conselho Científico, no período 2003-2004. Sócio do Grupo de Consultores em Gestão do Conhecimento – GC2 – consultoria especializada em Gestão do Conhecimento, inteligência empresarial e gestão educacional. Experiência profissional de 18 anos e atuações e agenciamentos em empresas como Telemig Celular, Votorantim, CVRD, Banco Mercantil do Brasil, Cemig, Embratel, Correios, Fundação Benjamin Guimarães, Fundação Unimed, Emater-MG, Amcham, BHTrans, entre outras. Autor de inúmeros trabalhos, artigos, palestras, *workshops* e conferências nas áreas de gestão do conhecimento e inteligência empresarial no Brasil e no exterior. Tese de doutorado aprovada com distinção e trabalho indicado para o prêmio de melhor tese brasileira da Associação Nacional de Pesquisa e Pós-graduação em Ciência da Informação (Ancib). E-mail: riva@alvarenganeto.com.br. Site: www.alvarenganeto.com.br

Rogério Salles Loureiro – Formado em Engenharia Elétrica (UFMG), Pós-graduado em Análise de Sistemas (UFMG), Gerência de Informática (Ietec) e MBA em Gestão de Negócios pela FEA-USP. Atuou 12 anos na Construtora Andrade Gutierrez como gerente de Desenvolvimento de Sistemas. Nesse período, foi um dos responsáveis pela implantação do projeto de Gestão do Conhecimento na empresa, incluindo unidades no Brasil e em Portugal. Proferiu diversas palestras sobre Gestão do Conhecimento em eventos como Inforuso, Infocon, Comdex, IBC e KMBrasil. Atuou dois anos como consultor da M.I. Montreal Informática, onde desenvolveu uma metodologia de gerência e implantação de projetos de Gestão do Conhecimento. Em 2003, passou a atuar como gestor do Conhecimento do Centro de Tecnologia da Copersucar. Desde 2003, é Gestor do Conhecimento do Centro de Tecnologia Canavieira (CTC), o qual pertencia à Copersucar até 2004. Neste ano, assumiu também a gerência das áreas de TI e e Comunicação Corporativa. E-mail: rloureiro@ctc.com.br

GESTÃO DO CONHECIMENTO NO BRASIL

Casos, Experiências e Práticas de Empresas Públicas

Coordenadora: Maria Terezinha Angeloni
Nº de páginas: 240
Formato: 16 x 23 cm

Esta obra demonstra a importância da Gestão do Conhecimento (GC) para as empresas no Brasil e no mundo, apresentando, nos 15 cases relatados, as experiências vividas em empresas públicas e as diversas formas de aplicação eficiente da Gestão do Conhecimento.

As empresas que pretendem modernizar seu sistema de administração encontram, neste livro, muitos exemplos bem-sucedidos de implementação da GC, demonstrando sua inter-relação com processos de vital importância em todas as empresas, como planejamento, estratégia, tecnologia da informação, treinamento, entre outros, o que denota a ampla versatilidade de implementação da GC.

A obra é uma importante fonte de referência para professores, alunos, administradores, consultores e para todos que desejam entrar nessa nova era do desenvolvimento: a geração e o compartilhamento do Conhecimento.

Conteúdo:

1. Gestão do conhecimento e estratégias organizacionais
2. Processos de gestão do conhecimento
3. A inter-relação da gestão do conhecimento com outras áreas de estudos organizacionais
4. Casos gerais de gestão do conhecimento

Qualitymark Editora
Rua Teixeira Júnior, 441 – São Cristóvão
20921-405 – Rio de Janeiro – RJ
Tels.: (21) 3094-8400 ou 3295-9800
Fax: (21) 3295-9824

www.qualitymark.com.br
e-mail: quality@qualitymark.com.br

DADOS TÉCNICOS

FORMATO:	16 x 23
MANCHA:	12 x 19
CORPO:	11
ENTRELINHA:	13,6
FONTE TEXTO:	News Goth BT
TOTAL DE PÁGINAS:	216
LANÇAMENTO:	2010
GRÁFICA:	Armazém das Letras